# 至尊至宝

## 2022 年度玉树州牦牛文化和产业文集

梅 卓 主编

青海人民出版社

图书在版编目（CIP）数据

至尊至宝：2022 年度玉树州牦牛文化和产业文集 /
梅卓主编 . -- 西宁：青海人民出版社，2023.11
ISBN 978-7-225-06623-3

Ⅰ . ①至… Ⅱ . ①梅… Ⅲ . ①牦牛－地方文化－文化
产业－玉树藏族自治州－文集 Ⅳ . ① G127.442-53

中国国家版本馆 CIP 数据核字(2023)第 212486 号

责任编辑 梁建强 拉青卓玛 马一丹
责任校对 田梅秀
责任印制 刘 倩 卡杰当周
装帧设计 施雪蓉
封面藏文题写 扎 尕

**至尊至宝**

——2022 年度玉树州牦牛文化和产业文集

梅卓 主编

出 版 人 樊原成
出版发行 青海人民出版社有限责任公司
西宁市五四西路 71 号 邮政编码：810023 电话：（0971）6143426（总编室）
发行热线 （0971）6143516 / 6137730
网 址 http://www.qhrmcbs.com
印 刷 青海新宏铭印业有限公司
经 销 新华书店
开 本 720mm × 1020mm 1/16
印 张 17.5
字 数 250 千
版 次 2023 年 11 月第 1 版 2023 年 11 月第 1 次印刷
书 号 ISBN 978-7-225-06623-3
定 价 108.00 元

**谨以此书献给：**

所有热爱牦牛文化

钟情牦牛事业

铭记牦牛恩情的人们

# 《至尊至宝》编委会

# 目录 CONTENTS

## 洞见

## 博见

# 证见

# 遇见

洞见

才仁当智　画作

# 推进牦牛产业高质量发展

丹珠昂奔

我赞成深入而系统地研究牦牛产业，在青藏高原解决经济发展中的"牦牛单元"问题，推进牦牛产业高质量发展。我对此有期待，充满希望，也寄予厚望。谈一些粗浅的看法，供同志们参考，也请同志们批评指正。

## 一、认识现状，搞清底数

青藏高原的"牦牛产业"是个古老的产业，大数至少搞了 4000 年。牦牛尾进入内地和西方市场的历史也不短。像牛乳、牛肉、牛毛、牛皮等在藏族人祖祖辈辈的生活中发挥着巨大作用，养活着这个民族。藏族人生活中对牦牛的表述，充满了感情色彩，有着丰富的文化内涵，不以单一的形式存在。

其一，要深化认识。一要深化对牦牛的经济价值和人文价值的认识，考虑其综合性。对牦牛有情感、有感激，不一定有客观认识，更不一定有理性的科学认识和全面认识，也就是说这种认识离科学认识可能还有距离。比如，我们知道牦牛肉是可口的美食，但我们不知道它的构成中哪些成分是对人体有益的、有用的，哪些是无用的甚至有害的；食用量多大是科学的。牦牛既是食材，也是运输工具，同时也具有一定观赏价值，在历史发展的过程中它与人们的情感意识结为一体，成为图腾，成为藏族人精神的组成部分，进入精神信仰层次，拥有信仰的精神的力量。同样，牦牛的劳作和运输能力也是财富，不能忽视这一点。有了电、汽车等能源和运输工具，靠牦牛负重似乎没有多少必要了。这种意识一出现，许多人就让牦牛的身份单一化，只剩下"菜牛"一条路，实际不是。2020年的玉树牦牛节上有赛牦牛，幽默、诙谐，也很精彩。这也是牧民生活的一部分，是牧业文明传统的一部分，丢弃是否可行？我看至少现在是需要的。我们要多面看，看多面，不能一说牦牛就盯死了它的肉，一"肉"障目，不识泰山。二要深化对产业基础、国家相关政策和体制、机制的认识。目前市场面对的产业基础是千万家的养殖户、千万块的承包草场。假如我们想做大做强这一产业，就要在法律和政策法规允许的前提下解决"千万家"和"千万块"，在保证执行好现有"三农"相关政策的前提下，进行体制机制创新，统一产品标准，实现标准化。外行所看到的牦牛是笼统的，牧民知道他们是牦牛（gyag）、犏牛还是"尕力巴"。我这里只是提示，这一方面的问题还很多。搞一个产业，尤其是在青藏高原上搞一个产业，搞清楚底数至关重要。当然，我说的首要的是方方面面的基础信息和科学意义、综合意义上的底数，建立坚实的科学基础，不能凭感受、感觉，也不是一般经验，要考察诸多方面、分析诸多方面，形成科学结论，而后取舍。这是工作基础，基础不牢、地动山摇，必须在走深走实上下功夫，不能省劲图快和残缺不全。综合效应必然地要依赖于综合的信息基础之上的分析判断。

其二，要强化净土意识。一要高举这一旗帜。我们现在有个国内外公认的条件，就是世界最后的"净土"。这是块金字招牌。对这个词儿，很多同志不敢用，也有的同志反对用，我想大可不必。为什么？我们所用的"净土"，就是指土地之净，就是没有污染过的土地（至少这里没有多少工业污染——实质上，当今世界没有没污染的地方，连喜马拉雅都检测出污染成分，别的地方就更难说了，这只是相对而言，和一些有污染的地方相比，这里是一块净土），实质也是如此。要知道，净土就是最高的质量，就是最人的资源资本资产，就是真金白银。就是两个字的事儿，我们为什么不用，我们为什么不能用？二是看到未来价值。来自"净土"的牦牛家族的高质量的肉、奶、酪等必然会成为人们餐桌上的诱惑。因为生命只有一次，珍惜生命是每个人的自然选择，而生命的存在必然需求健康，健康首要的恐怕就是饮食干净、富有营养。"民以食为天"，社会越进步，越发展，越文明，这方面的需求就会越广泛、越迫切、越旺。世界的普遍现象是"天"出了问题，农残、抗生素、添加剂、污染无处不在，我们已经吃不到没污染的粮食、肉、奶、果蔬，喝不到干净的水，呼吸不到新鲜的空气。蓝天、碧水、净土便成为人间的奢侈和向往。现在的问题是如何加大科学研究，针对系统问题，进行系统研究，防、堵、罚、斩、治、教，系统解决问题。我讲这个问题的另一个用意是要珍惜、珍爱这块土地，千万不要把别人心目中的圣洁之地给搞脏了，甚至搞臭了。这里是绿色食品、原生态的摇篮，

是地地道道的金山银山。净土不再，净草、净水难存，净肉没了依托，我们的产业吸引力会减弱，产业的内核甚至会瓦解。三要履行好自身使命。习近平总书记强调，"青海最大的价值在生态，最大的责任在生态，最大的潜力在生态""生态环境没有替代品，用之不觉，失之难存""国家生态安全、民族永续发展面前的重大责任，必须承担好维护生态安全、保护三江源、保护中华水塔的重大使命，对国家、对民族、对子孙后代负责"。增强净土意识就是增强生态意识，就是增强责任意识，它与党和国家的战略安排是高度契合的。要落实好国家生态战略，加快构建起国家公园为主体、自然保护区为基础、各类自然公园为补充的自然保护地体系，守护好自然生态，保育好自然资源，维护好生物多样性，净土则是基础，则是重中之重。

其三，拉长产业链是牦牛产业发展的必然。我们的牦牛产业运行模式太古老、太陈旧，而且多是自产自销、自给自足、自娱自乐，没形成品牌，既没有形成"原材料"的品牌，也没有形成制作工艺品牌；没占领足够的市场，或者说在目前的状态下不大可能占领市场。

我到藏北草原吃到老百姓做的"拉拉"、酸奶，极好！原法制作就可以走向市场。可惜就是走不出来。现在的问题是如何开发民间工艺、如何提质升级，高质量发展。牦牛作为青藏高原的特殊品种，其味其形其性其文化内涵，既要面向全国、面向世界，也要立足青藏高原的地域特色、民族特色；既要博采众长，进行手段更新，创新发展，也要重视传统遗产、留住原汁原味，有高原脉承、物性灵魂；既要发挥市场配置资源等诸多优长，也要防范市场在逐利过程中的诸多丑恶、邪恶和罪恶。道路基本通畅，电商正在兴起，智能社会阔步而来，我国已经开启全面建设社会主义现代化强国新征程，推进乡村振兴战略实施，我们要抓住这一重要机遇，抢占先机，切实推进工作。

## 二、研究先行，夯实科学基础

要沉下心来、立足长远，下决心培养一些"牦牛专家"（最好是多一些本土化、永久牌、多学科），综合研究、深入研究、科学研究，形成权威，形成说服力和影响力，成为牦牛产业可持续发展、高质量发展的科学支撑、科学基础、推动力量和有效保障。（据我所知，青藏高原上与藏族人的生活关联度比较强的老三样：藏牦牛、藏羊、藏青稞，青稞专家、羊专家都已经有过，但牦牛专家还没有听说，到底"牛"不"牛"我不清楚。我的想法就是要越"牛"越好，要真正"牛"起来）专家"牛"不起来，这个产业也很难"牛"起来。因为科学技术是第一生产力，时代变了，我们的思路也得变。老观念进入不了新境界，老方法同样解决不了新问题。同时，我们要充分地重视我们的土专家，土专家里也有大人才。本地经验的科学提升，现代学科的充分吸收、综合学科手段的充分运用，都要在我们的视野之中。至少要有几个能成为"牦牛院士"的专家，才能扭转目前的被动局面。某种程度上说，科学就是思路，就是方法，就是目标。综合性的研究和认知可能会得出综合性的更多的新认知，手要抓在牛上，但心不能一步就焊在利益上。我们要追求市场利益，但我们要在科学的基础上追求市场利益，在为消费者提供真正优质的产品的基础上追求利益，而不是在一般层次上转悠，以一个小贩的、一个"卖牦牛肉的"的心态发展产业，要以一个具有科学指导和先进技术的、现代标准的，着眼于人的健康福祉的社会主义的现代性经营。强调"社会主义"，就是强调人人平等、强调人民主体，我们的牦牛产业可以有超高端，但不能只有超高端——只为"贵族"服务，最终连养牛的老牧民也吃不起肉、吃不到肉。

对牦牛肉的科学研究结论不外两个：一是高质量、高品质，一是品质、质量都一般。高质量需要科学回答，低质量也需要科学回答，凭想象吹嘘或贬低都会"闪"了舌头。不能说没有依据的话、吹没有依据的"牛"。我们要树立科学精神、遵从科学结论，高质量被忽视，是"埋没"——是质量的埋没也是价值、利益的埋没。假如科学认定"低质量"，我们同样认可，这才是实事求是。不能把黄金当土块用，也不能把驴粪蛋儿当麝香用。但我相信牦牛是黄金。走在科学的道路上，我们就能无往不胜。

## 三、品质第一、质量为王

这一问题应该是今天研讨的核心问题。我是吃肉的人，不是分析肉的，也不是研究肉的营养价值的，我以一个吃肉的人的角度提一些问题，我想这些问题需要我们思考：一是什么是品质、质量，牦牛的或者牦牛肉的最高品质和质量是什么？这个标准由谁定，这个标准依据什么定？显然，这不是拍脑袋就能解决的问题，而是要通过一系列扎实的科学数据才能回答。我强调研究先行，也有此方面的含义。二是高品质、高质量的牦牛是养出来的，是圈养、放养还是半圈半放？是定点还是轮牧？是吃自然环境生长的草，还是要研究培育或者引进一些优质的牧草？三是高品质、高质量的牦牛需要有高品质、高质量的种，如何选种育种？如何保护好青藏高原牦牛优质种源？种的问题要在相关国际合约和国家规定的基础上谨慎进行，比如杂交的方式、改变基因的方式、改变牦牛生活习性的方式，都应该在严格科学论证的基础上进行，不能随意，也不能野蛮推进。政府的监管始终不能缺位、乏力。四是传统标准还是现代标准？假如我们要走标准化道路，我们该怎么走？这样的问题不进入具体的实践环节是解决不了的，玉树目前解决的就是这个具体环节；但是仅仅局限于一个局部的具体的实践环节恐怕也难以全面准确。所以，我们必须要有一个现代性的高层次的战略谋划，用整体的思维、通透的视野、准确的目标、分类分段分步的工作任务、求真务实的操作组成以牦牛为主线的产业集群——多链合成，才可能解决好这一问题。不同专业类型的问题不但要虚心听取不同专业类型的人才的意见，也要交给不同专业类型的人才去做才有可能做到位。

我们要深刻总结藏獒兴衰的教训。兴时千万，成天下一宠，一哄而起，风起云涌、趋之若鹜，走出青藏高原，听说除了青海、甘肃，连陕西、山东、河南、河北都有藏獒养殖场或者养殖者；败成菜獒，白送都没人要，成拨儿地送进屠宰场，成了狗肉爱好者舌尖上的享受。市场是逐利的，出现以假乱真、以次充好、以劣逐优的现象是常事。我曾请教一位养过藏獒的人："为什么几年之间，藏獒产业就急转直下？""乱啦，关键是配种。""为啥是配种？""你可不知道，藏獒的优点，人家早就讲完啦，为了找到新的卖点，就杂交，杂交多简单呐，把狗和狗牵到一起就行了。可是弄出来的东西都是'四不像'，尽管你吹破了天，什么'东西结合''强强联合''优中之优'——都是狗屁，市场不认，你不倒霉谁倒霉？"——这可能是藏獒成菜獒的诸多因素之一。所以，是品牌就应该有品牌标准，标准既是通行证、质量保证书，也是护身符。市场越大、品牌越好，竞争者、投机者就会纷纷登场，假冒伪劣就会乔装打扮、浑水摸鱼、捞取廉价的利益。维护千百万牧户、经营者及各方面的利益，要有自己的杀手锏，自己的杀手锏往往要靠自己锻造。

## 四、增强针对性，加强宣传

上次在玉树开会谈牦牛问题时，我谈了在牦牛问题上有三个可以叫响的基础性的世界公认的问题：一是藏族人的居住区青藏高原是牦牛的原产地；二是藏族人是牦牛的驯化者、驯养者；三是对牦牛的冠名采用了藏语"gyag"（雅），这一点在英、俄等语言中都是统一的"yak"。尽管是一个词汇，这也是中华民族对世界语言的贡献，是藏族这一青藏高原上的古老民族为人类社会的贡献。也就是说牦牛的原产地、原名、原驯化者与作为中华民族一员的藏民族，是中华民族的光荣。你的原产地、你的冠名、你是驯化者，走向世界，没有人跟你争。这"三原"的定位非常重要，我们要好好使用。青藏高原历来有众多的物质产品，为未来的发展积累了经验，打下了基础。但我们要深刻认识到，尽管我们现在拥有相对丰富的物质产品，但是，作为独特的本地区、本民族独有的产品，除了牦牛，或许还找不到别的更有分量的产品，尤其是在养殖业。

广告词不同于科学数据，用一些文学语言，比喻的、比兴的手法等，都是常见的。一些公认的有科学结论的东西要给予重视和尊重。否则，作用有可能适得其反。我发现玉树已经在做这方面的工作，这是有历史自觉的表现。但要继续提炼、琢磨、打造，将其说得更全面、更准确、更精炼、更形象、更有青藏高原特色、更有吸引力，多一些原产地的话语。

这里有一个与牦牛相关的例子。我到某地，听有人聊：天祝（藏族自治县）立了大牌子（广告牌），上面写了10个字："天下白牦牛，只有天祝有"，这完全是胡说、胡吹，白牦牛，其他地方也有，还不少。我问县里的人，他们说："华锐地方历史以来都称白牦牛的故乡，我们宣传白牦牛也是为了家乡的老百姓过上好日子，有错吗？"就怕这种情况的出现，就怕人家跟你较劲："你有证据吗？""我有证据证明你说的是瞎话。"有时候就会成为攻击的口实，甚至成为笑柄；有时候则是扯不清的官司。这里有机巧，既要突出自己、吸引眼球，也不要去伤害他人，恰如其分、恰到好处。有难度，但只要我们集思广益，就可能找到很好的方案。

## 五、打造牦牛文化产业

发展牦牛产业，必然地要发展牦牛产业文化。我们的新闻、书刊、电影、电视、文艺表演、展览、广告、电子出版物、群众文艺等都要涉及这方面的内容，它既可以与牦牛产业融合发展，也可以各承其业，各展其长，相互促进，相得益彰。这一工作有三个衔接基础，我认为是可以考虑的：

一是我们的产业发展要服从服务于国家全局。产业自身的双向推动发展，符合现代产业发展的基本模式，自然是全面建设社会主义现代化强国的应有之义。习近平总书记说："全面实现现代化，一个民族也不能少。"作为藏族自治州，我们做好这件事也是在贯彻落实习近平总书记的指示精神。同时，我们

的产业发展要在中央既定地对青藏高原和青海省的战略定位和任务部署的框架内进行。2021年，习近平总书记在考察西藏时指出："保护好西藏生态环境，利在千秋、泽被天下。要牢固树立绿水青山就是金山银山、冰天雪地也是金山银山的理念，保持战略定力，提高生态环境治理水平，推动青藏高原生物多样性保护，坚定不移走生态优先、绿色发展之路，努力建设人与自然和谐共生的现代化，切实保护好地球第三极。"并说："要保护住这一块'净土'，让我们一起把这件事情做好。"①显然，我们的牦牛产业发展也要在完成好维护青藏高原生态安全、保护好三江源和中华水塔——这些重大政治使命的前提下进行。

二是推进物质产品生产与精神文化产品的生产，在丰富物质产品、推进经济发展的同时，推进精神文化产品的丰富和发展。习近平总书记指出："共同富裕是全体人民的富裕，是人民群众物质生活和精神生活都富裕。"进入新时代，我们进一步处理好人民对美好生活的向往与发展的不平衡、不充分这一社会主要矛盾。既要解决好物质生活富裕的问题，也要解决好精神生活富裕的问题。这是一个不能不特别呼吁强调的问题，在促进社会发展过程中要特别注意人的发展，或者人的精神的发展；人的发展精神文化是根本。文化是一个民族的灵魂，是人民的精神家园，灵魂一旦肮脏，精神家园一旦荒芜，别的一切都将变异，人心就会迷失。时代在变，藏族社会也在变，但有一点到目前仍然坚持得不错，这就是诚实和善良。有的人对此不屑一顾，但我认为极其重要，甚至是极其高贵的。因为，诚实是一切道德的基础，没有了这个基础，人的关系就难以调节。同样，没有善良，人间就会充满邪恶，我们的社会就会万劫不复。

三是推进"三农"工作的历史性转移，实现乡村振兴战略。习近平总书记说："我们要坚持用大历史观来看待农业、农村、农民问题，只有深刻理解了

① 见人民日报记者杜尚泽、申琳，新华社记者张晓松、朱基钗报道：《这在党和国家历史上是第一次——记习近平作为中共中央总书记、国家主席、中央军委主席到西藏庆祝西藏和平解放 70 周年并进行考察调研》，中国民族报，2021 年 7 月 27 日，第 3 版要闻。

'三农'问题，才能更好理解我们这个党、这个国家、这个民族。必须看到，全面建设社会主义现代化国家，实现中华民族伟大复兴，最艰巨最繁重的任务依然在农村，最广泛最深厚的基础依然在农村。现在，我们的使命就是全面推进乡村振兴，这是'三农'工作重心的历史性转移……全面实行乡村振兴战略的深度、广度、难度都不亚于脱贫攻坚。"假如我们的工作能与国家重大战略相衔接，我们的工作就会赢得主动。

牦牛产业是玉树畜牧业经济的基础和支撑，承载着经济社会发展的重要和人民幸福生活的向往，这一点在整个藏族地区都有典型意义、可复制的价值。因此，玉树在这些方面先行一步，是极其可贵的。我想我们应该认识到这一点，这是我们工作的另一价值所在。青海的六个自治州都有牦牛产业问题，同时，西藏自治区、四川的甘孜藏族自治州、阿坝藏族羌族自治州和木里藏族自治县、甘肃的甘南藏族自治州和天祝藏族自治县、云南的迪庆藏族自治州都有牦牛产业的发展问题。风云际会，天时地利，正当其时，推动牦牛产业高质量发展，加快构建绿色低碳循环现代产业体系，必然会使英雄的玉树各族人民在全面实现社会主义现代化进程中，加快经济社会全面发展，彰显牦牛的经济价值和文化价值，以实实在在产业发展和经济建设成就，以不断推进的人的自由而全面发展的文明成果，造福玉树、造福青海、造福全国。

（2022 年 7 月 20 日于玉树结古）

作者简介：

丹珠昂奔，男，藏族，1955 年 7 月生于甘肃天祝藏族自治县，青海海东人。十三届全国人大民委副主任委员、中央民族大学教授、博士生导师，研究方向为藏学、民族学、文化学。曾任中央民族大学藏学研究所所长、藏学系主任、民族学研究院副院长、副校长，中央民族语文翻译局党委书记、局长，云南省人民政府省长助理，国家民委副主任。党的十六、十七、十八大代表。第十八届中央纪委委员。

主要著作有《藏族神灵论》、《佛教与藏族文学》、《藏族文化散论》、《藏族文化志》、《藏族文化发展史》、《遥远的莫斯科》、《吐蕃史演义》、《历辈达赖喇嘛与班禅额尔德尼年谱》(主编)、《藏族大辞典》（主编之一），及八卷本《丹珠文存》、《互动的灵思》、《新时期民族文化问题的思考》、《民族工作方法论》、《新时期民族工作的思考》等。多部（篇）著作被译为英、日、法等外文，曾赴美国、日本、韩国、朝鲜、俄罗斯、哈萨克斯坦、蒙古国、吉尔吉斯斯坦、比利时等国交流访问。1992年被评为北京市高等学校青年学科带头人，获得霍英东教育基金，被评为享受国务院政府特殊津贴的专家；1993年破格晋升为教授；1995年被评为北京市"百人工程"成员；1996年获宝钢教育基金优秀教师特等奖；2001年《藏族文化发展史》（120万字）获国家"五个一"工程奖。

# 高原生态畜牧业不能丢了"游"字

尼玛才仁

青藏高原的自然地理条件得天独厚，历史文化源远流长，深受国内外各界人士的广泛关注。新中国成立以来，在党的英明领导下，青藏高原发生了翻天覆地的变化，经济社会长足发展，人民生活水平不断提升。特别是随着脱贫攻坚与乡村振兴工作的有效衔接，高原畜牧业迎来了新的发展机遇，焕发出新的生产活力。不容忽视的是，经过一段时间的实践，发现各地区共同追求生态优良，生活富裕的目标高度一致，但所采取的方法和路径各不相同，甚至一些地方没有处理好保护与发展的关系，出现了顾此失彼的现象。笔者认为，要治理高原生态和产业，首先要了解高原，才能把握高原。一味站在根植于农耕文明和工业社会的现代视角去审视游牧社会，就容易对游牧业产生隔阂和误读。黑格尔说："凡是合乎理性的东西都是现实的；凡是现实的东西都是合乎理性的。"只要我们身临其境去体验和触摸高原生态畜牧业，方能感受到其存在的价值和意义，否则，我们即便用最善意的举动，也容易造成彼此的伤害。回顾畜牧业发展的历史，百年前世界上许多畜牧业大国改变传统放牧方式，轰轰烈烈踏上了工业化养殖道路，虽然解决了许多经济问题，又实现了增产增收，但同时也带来了不少的问题，如：环境污染问题、基因变异和食品安全等问题，给人民的身心健康造成了不良影响。而我国青藏高原的生态畜牧业，由于各种历史原因，基本保持住了高原生态环境的原真性和畜牧业生产方式的完整性。虽然，高原畜牧业生产能力低下，生产方式老旧，生产水平落后，要步入现代化畜牧业的发展任重道远。但是，中央把青藏高原建设成为团结、富裕、文明、和谐、美丽的现代化新牧区的政策支撑是清晰的，资金保障是雄厚的，民意基础是坚实的，只要我们准确把握好发展的方向，把玉树建成绿色、有机、低碳、高效的现代化畜牧业输出地指日可待。

以下笔者试图从高原生态、生产、生活、生意等方面，结合国家对高原生态保护和产业发展的要求，力争从六个方面对高原游牧方式的价值和意义做简要阐释，望请各位专家和学者提出批评和修改意见。

## 一、"游"对自然生态的影响和作用

马克思指出："游牧——总而言之是流动的，是生存方式的最初形式，牧人不是定居在一个地方，而是哪里找到草场就在哪里放牧。"[①]游牧的确是高原生态畜牧业的灵魂和根基，是高原祖先与大自然无数次的抗争所总结出的生存经验，简单一点讲，就是高原牧人的生产方式和生活习惯。要治理好高原生态，就必须对畜牧业引起高度关注，因为，畜牧业是人与高原生态之间相互影响和相互作用的中介，畜牧业健康与否，直接会影响到人与生态之间健康、有序、稳定发展。因此，学术界对高原畜牧业的主体，对牦牛有这样一句定义："牦牛是人类至今还未被完全驯化的野生动物"。从这句定义来分析，牦牛依然被归属到了野生动物的范畴当中。这让我们一时难以理解，牦牛怎么能属于野生动物，未免有些牵强附会。其实，学术界这样的定义自然有其深刻含义和理论

---

① 《马克思恩格斯全集》第 46 卷，人民出版社 1979 年版，第 472 页。

依据。举例说明：在苍茫浩渺的赛隆盖迪大草原上，每天都能看到成千上万头角马群缓缓迁徙的大场景，草原的广袤与肥沃，神奇与美丽让人赞叹不已。可是，当我们继续走近草原，就会看到鬣狗和豺狼对角马群的围追堵截，就能听到狮子和鳄鱼对角马群的追逐声和厮杀声。顷刻间，整个草原上演着惊心动魄的生死大战。我们不禁反问，角马群明知前行路上危机四伏，杀气腾腾，为何

还要继续滚滚向前？让人百思不得其解。维克多·雨果曾说过："大自然既是善良的慈母，同时也是冷酷的屠夫。"我们细细品味这句话，慢慢领悟这严酷的自然法则，方才会开悟，以上所看到的只是大自然残酷的一面，而没有看到行进路上万物生机盎然的另一面。每一次的迁徙都是动物基因升级和优化的过程，各类植物趋于多元化和多样化的过程。所以，无论前行的道路多么艰难坎坷，角马群依旧不畏艰辛，不惧险恶，向着心中美丽的大草原进发，去实现种群的繁衍与生息。通过以上例证，让我们明白了"逐水草而徙"的游牧方式，

对高原生态的作用和价值，明白了不是牧人改变了高原牦牛的栖息习惯，而是牦牛改变了牧人的生产和生活方式；是牧人主动顺应了高原气候环境，自觉控制了人性贪婪和欲望，才使得高原生态依然保持万年容颜。

## 二、"游"对高原牧人的影响和作用

青藏高原历经数百万年地演化，造就了独特的自然风貌，地理特征和气候环境，与此同时，也孕育出了许多与之相适应的高原物种。其中，牧人是高原生态系统中最重要的组成部分，也是高原生态安全的终极守护者。牧人能在高原严酷的自然环境中生存自如，完全得益于自身特殊的生理构造、文化特征和生存方式。伴随着人类社会的不断进步和发展，以人的生命体验和生存经验为基础的区域文化，由于思维模型、评判标准和分析角度上的差异，文化要素之间长期处于相互排斥、相互依存的状态。这种不同事物之间产生的矛盾关系，其实，就是事物发展的源泉和动力（《生活与哲学》陈先浩）。我们要勇于发现矛盾，要敢于揭示矛盾，最终用正确的方法去化解矛盾。但需要说明的是，这里所谓的化解矛盾不是指消除矛盾，而是学会与矛盾共存，寻找事物之间的平衡点和公约数。例如，1872年美国建立了世界上第一个国家公园——黄石公园，并于1978年被列入《世界遗产名录》。但是，美国人引以为傲的国家黄石公园，后期发现有一个致命性的缺陷，甚至终生难以修复和弥补，那就是美国人在建园初始没有深度了解原住民印第安人的生态价值和作用，从黄石公园将其强行驱离，改变了黄石公园原有的生态秩序，建立了世界上第一个没有人的公园。几十年后，黄石公园出现了一系列生态问题，美国政府再次决定将印第安人迁回原籍，可惜，那时的印第安人已经失去了原有的特征，完全融入了城市生活，再也回不去了。所以，治理青藏高原，无须与农业化、城镇化、工业化完全趋同，而是要优化和升级高原个性化特征。这就引证了《国语·郑语》史伯的一句"和实生物，同则不继"的古训，充分说明不同物种之间求"和"，方能不断生成，不断丰富，不断发展。否则，不同物种之间求"同"，就会单一、匮乏，最终走向灭亡。

## 三、"游"对野生动物的影响和作用

党中央、国务院高度重视高原生态环境保护与建设工作，采取了一系列战略措施，加大了生态环境保护与建设力度。经过多年的努力，一些重点地区的生态环境得到了有效恢复，生物多样性也有明显改善。但是，随着青藏高原野生动物数量的增加，人与食草动物和肉食动物之间的冲突日趋严峻，尤其是牧民为躲避野兽伤害，弃牧现象逐年增多。笔者认为，野生动物无论有什么样的

行为，都属于自然的本能反应，绝不会因为人的意识而改变，因此，要想彻底解决人兽冲突问题，只能从人的身上找解决问题的办法。虽然，国家有效制止了滥伐林木、滥猎动物、滥挖矿山的行为。但是，对自然生态接触频率最高，持续时间最长，影响程度最深，种群数量最多的畜牧业，还没有进行有效规范，依然延续着过去联产承包时期的运营模式，固步自封，抱残守缺，对生态环境

有效改善形成了障碍。所以，青藏高原要实现全面发展，必须要与时俱进，挣脱历史羁绊，依据国家新出台的产权制度改革、乡村清产核资要求，以及继联产承包责任制后国家重大制度创新三权分置政策等，坚持走生态优先、绿色发展的道路，通过"四季游牧"方式，推行"三个整合"模式（草场整合、牲畜整合、劳力整合）逐步从粗放型经济向集约型经济转型。理由一：如果青藏高原继续沿用包产到户模式，必将对生态和产业造成致命的打击，因为这种小农经济已经跟不上时代发展的步伐，一是联产承包责任制运行机制，会把大块草原切分成很多小牧场，让传统的"游牧"变为"定牧"，长期让牲畜在一处吃草，使草原得不到休憩而持续退化。二是当时推行家庭联产承包责任制，主要注重产业发展，没有遵循植物生长规律，也没有给野生动物留足栖息空间，人和野生动物完全处于混居状态。当野生动物数量逐渐恢复，人兽冲突的概率也在持续攀升。理由二：出现人兽冲突是因为我们当前生态环境保护的成果与产业发展的机制之间不协调。要解决好这一问题，就必须优化和完善畜牧业的体制和机制。一是要通过"三个整合"将草原划分春、夏、秋、冬四季牧场，每季牧场使用三个月，一年一次大循环。这种轮牧方式，可以巧妙地让整个草原一年得到九个月的休憩。二是通过四季游牧，牧人将每季草场使用三个月时，很巧妙地将另外三季草场供野生动物使用，既确保了畜牧业生产的安全，又形成了野生食草动物与野生食肉动物之间的食物链闭环。这种"互不侵犯、各取所需、泾渭分明、共同发展"的方式，为实现人与自然和谐相处奠定了基础。

## 四、"游"对牧区教育的影响和作用

高原气候环境的恶劣程度不言而喻，人要在这样的环境中生存，必须具备与之相适应的生理特征和生存技能，否则，很容易给人造成终身的损伤。生理的特征是先天赋予的，而生存的技能完全靠后天训练。因此，牧区教育对高原生态环境保护和畜牧业产业发展具有至关重要的作用。特别是要全面实现乡村振兴，必须要有效结合高原实际。通过发展生态畜牧业合作社，有效解决"送孩子上学，牧场缺劳力；让孩子放牧，终身变文盲"的两难困境，逐步让老人和小孩从生产中解放出来。但是，伴随牧区教育工作的稳步推进，旧的矛盾刚解决完，新的更为棘手的问题又悄然而至，直接影响和制约牧区工作的健康发展。表现一：牧区每年大量的应届毕业生，实现不了就业。表现二：牧区生态畜牧业合作社，缺乏专业人才。很显然，如果处理不好"一处严重缺人才，一处又人才严重过剩"的矛盾，牧区必将会面临新生力量不能扎根高原，畜牧产业后继无人的严峻问题。一些人会说："把过剩的社会人才，直接去满足基层产业，矛盾不就化解了吗？"其实，经过笔者调研，发现这一矛盾不能简单抵消，而是两者之间不具备一体两面的矛盾性，不具备形成矛盾的生命主题。譬如，生态畜牧业合作社非常苛求生态保护类、自然科学类、产业开发类、市场营销类人才，而我们牧区的莘莘学子所学的专业知识和技能与青藏高原生态保护与产业发展没有多大关联，一开始就为进城就业做准备，对高原牧区经济、社会、文化、历史方面的知识知之甚少，甚至对牧区陌生的同时，对牧区生活也有几分厌弃。笔者认为，这一切都是因为牧区教育的方向与牧区社会的需求之间出现脱节，没有建立健康的供求关系。因此，我们必须要正视问题、分析原因，依照中央对生态保护的三令五申，依从国家对产业发展的千叮万嘱，尤其是习近平总书记："保护好青藏高原生态就是对中华民族生存和发展的最大贡献。"的殷殷嘱托，每一名高原人必须要铭记于心，把建设高原当成自己义不容辞的责任和使命。防止出现大量"弃牧进城"的现象，鼓励牧民踏进雪山冰川，走进森林草地，努力与大自然融为一体。激励牧区学子扎根高原生活，奉献牧区建设，勤奋学习专业知识。按照习近平总书记要求，共同守护好高原生灵草木、万水千山，把青藏高原打造成为全国乃至国际生态文明高地。

## 五、"游"对产业发展的影响和作用

乡村振兴工作的核心任务是产业发展，产业兴旺是解决农村一切问题的前提。青藏高原的生态地位的重要性不言而喻，如何处理好经济发展与环境保护

的关系，实现两者的良性互动，是当前不少地方面临的现实课题。各地在具体的实践当中，既有这样的顾虑也有那样质疑，认为青藏高原发展产业，容易破坏高原生态；认为高原畜牧业产业体量不大，高原牦牛体格小、数量少、运距长、产奶和产肉量低，形成不了大产业，众说纷纭，莫衷一是。更有甚者，一说起发展高原产业，一股脑儿进入"只求数量，不求质量"的惯性思维模式，轻率改变传统游牧方法，大量引进外国品种进行配种杂交，破坏原生物种基因，让牦牛重蹈藏獒的覆辙。笔者认为，出现以上极端行为，充分说明我们没有学深悟透总书记的"绿水青山就是金山银山"的理论要义，更没有处理好生态保护与产业发展的关系。依旧停留在"第一次绿色革命"时期，以"吃饱为主，数

量为要"的思维定式。但是，随着社会的不断进步，从历史必然性和产业阶段性特征出发，我国已全面进入"第二次绿色革命"以"吃好为主，质量为要"的新发展阶段，需要我们按照"绿色、减量、提质、增效"的原则，充分挖掘高原生态畜牧业潜力，把传统产业升级为现代新兴产业。这就意味着高原生态畜牧业，将会迎来最好的发展时期。说到这里，大家一定会反问："那么以前的畜牧业，怎么没有遇上最好的发展时期？"同样笔者也对这一问题有过思考，也有过很长时间的调研。事实证明，地球上的万物无不遵循着"日月更替，斗转星移，四季轮回，花开花落"

这个自然周期律。过去的畜牧业没有被过去的时代所选择，是因为过去的畜牧业不具备"数量"优势，解决不了当时的温饱问题。而今的畜牧业能呈现出山雨欲来之势，是因为我们的畜牧业与当今高质量发展的时代要求相吻合，具备先天的"质量"优势。所以，要打好特色牌和优势牌，让完整的、超大的、自然的高原天然草原变成大园区，让淳朴的、勤劳的、原始的高原牧人变为牧工。通过国家东西部协作机制，做优品质、做足品位、做强品牌，努力把高原绿色有机农畜产品，源源不断地输送到远方。

## 六、"游"对市场营销的影响和作用

自党的十四届五中全会开始，中央明确提出，要实现两个根本性转变。一是要实现从传统的计划经济体制向社会主义市场经济体制转变。二是实现经济增长方式从粗放型向集约型转变。可是，由于青藏高原气候环境、经济基础、人口素质、交通条件等诸多因素的制约下，产业结构调整不够彻底，不够充分，甚至在一些区域依然延续着改革开放初期的包产到户模式。然而，近些年我国高端发展态势逐步显现，绿色发展水平迈上新台阶。这必将会促使高原游牧方式迅速实现高端养殖的目标和超级食材的培育。笔者认为，发展高原畜牧业产业，前提是要系统地搜集和了解畜牧业市场的现状及其发展趋势。因为，市场是产业结构是否合理的检验场所，为营销决策提供客观的、正确的数据。所以，一是要结合市场，调整产业结构，优化产业布局，既要用好"绿水青山就是金山银山"的理论武器，又要用好"产业生态化，生态产业化"的实践武器，向生态畜牧业合作社转型。努力实现标准化和规模化养殖，创出具有"品相、品位、品质、品牌"的绿色有机农畜产品。二是要应用市场，发挥市场在资源配置中的主体地位和决定性作用，结合高原产品的稀有性、独特性、优质性等特征，寻找与之相符的高端市场，通过市场让畜牧业体现产业价值。虽然生态畜牧业有时以"智慧牧场 +"的面目出现，但网络化不等于产业化，信息化不能替代市场化，产业不对路再好的"+"都只能是"水中月、镜中花"，产业兴旺更是无从谈起。所以，任何时候我们都要清楚地知道高原农畜产品的高端消费人群不仅在高原，更在社会发育程度更高，经济更为发达的内地市场。举例说明：甲商人问：我们的牦牛肉一斤才卖四十多块钱，买家还嫌价格太贵。你看一看国外牛肉一斤能卖到一两千块钱，价格相差四五十倍啊！乙商人答：海边的盐民，把盐堆积如山，山头的茶农，把茶播撒如海，可是，盐民不觉盐的珍贵，却一心渴求一盘茶叶；茶农不觉茶的可贵，却一心渴求一盆盐巴。这则简单的对话道出了商业最基本的规则："没有市场的产品，永远都是廉价的。"所以，我们尽量把自己最好的产品卖给最需要的人。

# 七、小结

不违农时，谷不可胜食也；数罟不入洿池，鱼鳖不可胜食也（战国·孟轲《孟子·梁惠王上》），遵循原则去生活才能获得成功，才能实现你的目标，从而改变自己的一生。（《羊皮卷》作者：奥格·曼狄诺）高原的"游"字，是人与自然和谐相处的办法，也是高原产业实现"生态型、经济型、循环型"的路径，更是高原产品"物以稀为贵"的体现。虽然高原牦牛没有像澳大利亚那样的养殖规模，更没有像日本和牛那样上升到文化和信仰的高度，但是随着人民生活需求从"有没有"到"好不好"的高质量转变，高原牦牛其优美的生存环境，独特的养殖方式，优良的品质特征，卓越的文化内涵，必将会成为我们每个人餐桌上的首选，甚至会跻身世界高端畜产品行列，最终会打造出我们中国人自己的高档牛排。

作者简介：

尼玛才仁，男，藏族，中共党员，1971年1月出生，青海玉树人，大学学历，现任青海省玉树藏族自治州人民政府副州长、县委书记。参加工作20多年来，始终保持一颗红心，加强党的理论方针政策学习，注重政治能力训练、提炼忠诚品质。自2015年任现职以来坚持深入学习贯彻习近平新时代中国特色社会主义思想，坚决拥护"两个核心"，牢固树立"四个意识"，坚定"四个自信"，始终以"四讲四有"为标杆，凭借强大的信仰和执着的信念以建设"七个称多"为总目标，带领称多人民强化生态文明、保持社会和谐、创新党建品牌推进产业发展、建设教育强县、打造文化名县、持续改善民生、促进宗教和顺，攻坚克难砥砺奋进，顺利完成贫困县脱贫摘帽。

# 囊谦县农牧业高质量发展建议

王会林

根据县委领导的安排，我们先后赴香达镇、吉曲乡、东坝乡、着晓乡有关村社村集体经济合作社、生态畜牧业合作社、粮油基地、养殖基地进行了实地调研，与村社及村集体经济组织负责人、乡镇干部、县委县政府领导进行了深入交流。通过调研并查阅资料，我们对囊谦县农牧业发展情况有了粗浅的认识。回宁后我们又与省牧科院院长刘书杰同志进行了广泛的交流，提出了囊谦县农牧业高质量发展建议，仅供参考。

## 一、存在的问题

（一）生产经营方式落后

传统的农牧业生产方式仍占主导地位，单打独斗的经营观念根深蒂固，与规模发展、集约经营、标准化生产的新型农牧业生产经营方式要求相差甚远。粗放的农田耕作方式、无序的耕作制度及以家庭经营为主的种植业生产，与现代化农业的发展要求格格不入。小而散的加工主体、小作坊的加工产品、多而乱的产品商标、无证生产的农畜产品，难以参与市场竞争与流通，更难满足原料供给者生产的要求。农牧结合的特色没有发挥，草畜联动的意识没有树立，优势资源变不成优势产业。越冬度春饲草料储备没有上升为农牧民的自觉行动，饲草料储备依赖政府的思想严重。

（二）经营管理水平滞后

政府支持、引导、服务农牧业经济发展的政策不稳定、随意性大、重点不突出，政策导向作用很难显现，造成农牧业经营主体发展思路模糊。有关部门、行业指导新型经营主体尤其是指导村集体经济组织发展的能力匮乏，多头指导的现象严重，形不成集中力量办大事的合力。农牧业经济组织与农牧民的利益联结机制不健全，尤其是农牧民只要回报不愿投入的现象严重，难以建立合作社与农牧民的利益共同体。基础设施建设事前考虑不周，在对为什么要建、谁来经营、怎么管理、群众如何参与的问题没有研究清楚的情况下，盲目建设，

导致基础设施利用率不高。完全由政府投资建设、购买牦牛的村集体经济组织经营的规模养殖场,管理水平、养殖水平还赶不上家庭经营的水平。畜种结构严重失衡,牛羊比例严重失衡,长此下去会危及草地生态。

（三）生产经营效率低

调查中显示,畜牧业生产中牦牛的出栏率、繁殖率、母畜比例、良种覆盖率、仔畜成活率分别为15%、25%、32%、20%、72%,与全省2020年行业统计数据相比,分别低17.62、44、19.23、65、20.23个百分点,没有什么投资回报率。畜群结构极不合理,畜群中老弱病残及公畜占50%以上,公畜养殖周期长达7—8年,养殖效益难以维持生计。种一歇一的耕作制度、粗放的耕作方式、杂乱无章的轮作倒茬现象,导致耕地利用率低下、单位面积产量减少、耕地质量下降,精耕细作的务农意识受其他产业利益驱使已被摒弃,耕地产出预计只有常规产出的50%。如除去国家在种植方面的补贴,投入产出难以持平。良种意识淡薄,与全省粮油作物、家畜良种覆盖率95%和85%左右的比例相比,相差甚远。科技对农牧业经济的贡献率与全省50%以上的水平相比差距较大。

（四）农技服务能力弱

全县农经、农艺、农机、畜牧、兽医等公益性事业单位,在历次机构改革中有较大的变化,职能不清、职责不明问题突出,专业技术人员十分短缺。县乡农牧业服务机构受管理体制的影响,上下不协调、步调不一致的现象严重。农经部门只完成政策性改革任务,对农牧业经营管理的探索与引导欠缺,指导规模化经营、村集体经济组织发展、股份制合作社建立的措施匮乏。畜牧兽医部门把职能界定在春秋两季防疫上,对畜种改良、畜群结构调整、如何提高繁殖率与母畜比例及养殖技术的服务很少。农艺农机部门把精力放在补贴类项目执行上,对耕作制度、精耕细作措施、机械化利用、精细化管理等技术服务工作措施不力。现有专业技术部门非专业人员过多,有人难干事、有人干不了事的现象普遍存在,全县13万亩耕地,只有一个副高职称的农艺人员。专业部门承担的非专业工作较多,农技人员从事专业技术服务的时间有限。

（五）宗教对生产影响大

牦牛畜群中非生产畜比重过高、养殖周期过长、出栏率低的问题,常常分析是农牧民经营农牧业的理念落后，不懂科学养殖技术的结果。但从另一个方面分析，受宗教影响，农牧民怕杀生。行政村经营中，用国家扶持资金购买牦牛，组建村集体组织合作社，实行股份制经营，合作社成员享受收益。而家庭经营的牦牛连一头都不入村集体合作社，这种经营，一方面没有把村集体合作社与牧民的利益根本联结起来，牧民对村集体合作社经营并不关心，另一方面反映出农牧民怕牦牛入股后，村集体合作社售卖，认为仍然在杀生。在我们走访的村中，还有一个值得关注的问题，有些村一半的村民退出牛羊养殖，迁出祖祖辈辈生活的草地，另谋出路。这种现象值得深入研究，从表面现象看，好像是他们另谋出路，从深层次分析存在着怕杀生而退出养殖行业的现象，如果这样长期下去，草地经营的人会越来越少。

## 二、重点工作及措施

### （一）切实加强党对"三农"工作的全面领导

"三农"问题是关系国计民生的根本性问题。强化党对农牧区工作的全面领导是做好农牧业农牧村工作、全面推进乡村振兴的根本保证。2019年，在党的历史上首次专门制定出台了《中国共产党农村工作条例》，这是坚持和加强党对农牧区工作全面领导的基本遵循，是新时代党管农牧区工作的总依据。2020年底召开的中央农村工作会议上，习近平总书记再次强调，要加强党对"三农"工作的全面领导，各级党委要扛起政治责任，落实农牧业农牧区优先发展总方针。县委县政府要把农牧业高质量发展放在首位，经常研究农牧业重点工作，书记、县长要心中有农、心中有牧、心中有农牧民，切实加强农牧业经济的领导，着力解决农牧业发展中的难点、热点问题，为农牧业经济发展保驾护航。县委农村牧区工作领导小组、乡村振兴领导小组，切实发挥领导农牧业经济发展、乡村振兴的作用，针对重点工作，研究制定工作措施，协调推进重点工作，督导检查及评价农牧业工作。组织部门要把那些热爱农牧民、热爱农牧业、懂农牧业经济与技术的干部，调配到"三农"工作岗位上，为"三农"工作提供人才保障。

（二）强力推进村集体股份经济示范合作社建设

村集体经济组织是实现农牧民共同富裕的唯一组织形式，是保障农牧民永不返贫的最佳经济主体，是推动传统农牧业向现代化农牧业转型的重要载体。要把发展村集体经济组织作为全县农牧业经济发展的重大任务，举全县之力强力推进村集体股份经济合作社建设，创建出与囊谦县农牧业经济发展相适应的示范样板，引领全县农牧业经济高质量发展。选择1~2个行政村，所在乡镇领导敢于担当创新，两委班子具有较强的组织领导能力、群众参与广泛积极性

高，并且能够完成全村草场、牛羊、耕地折股量化的村，开展村集体股份经济示范合作社创建试点。实现资源、资金、资产股份合作，草场划区轮牧（耕地轮作倒茬）、牲畜分类组群（种植业推进一村一品、一乡一业）、收益按股分红、劳动力按劳取酬、农畜产品统一销售、草畜联动平衡的资本运作新机制。创建过程中县政府要给予试点村优惠政策，整合各部门资金、项目向试点村倾斜。

（三）大力开展种植业精细化耕作提质增效行动

2019年，习近平总书记指出"中国人要把饭碗端在自己手里，而且要装

自己的粮食"，在全国两会上又指出"实施乡村振兴战略，必须把确保重要农产品特别是粮食供给作为首要任务，把提高农业综合生产能力放在更加突出的位置，把藏粮于地、藏粮于技真正落实到位"。习近平总书记的重要指示既阐述了粮食安全是国家安全的重要基础，又指出了粮食保障的目标任务，我们必须把粮食生产放在更加重要的地位抓紧抓实。一要建立科学规范的耕作制度。根据本县气候特征、地理环境、种植特点、品种特色、生产习俗，建立科学合理的耕作制度。充分利用雨热条件比较好、土地肥沃的区域优势，引导合作社、种粮大户、农牧民，推行种三歇一的耕作制度，实现土地产出与效率科学有效。在雨热条件、耕地地力一般的区域，推行种二歇一的耕作制度，既保护好耕地地力，又能增产增收。在海拔较高、耕地耕作层较浅的区域，推行种一歇一的耕作制度，让耕地得到充分的休养生息，投入产出平衡。二要建立精细化管理制度。把精耕细作作为种植业精细化管理的主要手段和措施，常抓不懈，抓管并举。突出抓好翻地的深度、耙地的平整度、压地的实度、播种的精度、收割的净度、精选的纯度、储藏的安全度，提升耕作质量，奠定丰收基础。严格落实轮歇地夏翻秋耙耕作措施，必须在每年6月20日至7月10日完成翻耕，8月底至9月初完成耙磨，发挥轮歇地灭草、积绿肥、蓄水、补充地力有机质等作用。种三休一、种二休一的耕地，推行秋季收割后翻地歇息措施，增加来年耕地产出。科学利用禾本科与十字花科、茄科、豆科植物轮作倒茬，编制农作物轮作倒茬技术规范。加大良种补贴及推广应用力度。三要培育种植业新型经营主体。坚持规模经营的发展方向，引导扶持村集体经济组织、加工企业、种植大户，通过股份合作、流转经营、托管服务等形式，将一个乡、一个村的土地统一经营，实现规模效益。积极培育农机服务专业合作社，在国家农机补贴的基础上，增加县本级补贴投入，逐步提高种植业机械化综合利用率。出台扶持政策，培育科技服务型组织，实现良种良法到田、农技人员到村、技术要领到人。

（四）启动农牧业种质资源保护与利用工程

2020年，国务院办公厅印发了《关于加强农业种质资源保护与利用的意见》，《意见》是新中国成立以来首个专门聚焦农牧业种质资源保护与利用的重要文件，是一个既管当前又管长远的历史性、纲领性文件。《意见》明确了农牧业种质资源保护的基础性、公益性、战略性、长期性定位，保护优先、政府主导、多元参与、高效利用的原则，主管部门的管理责任、市县政府的属地责任和保护单位的主体责任。为贯彻落实国务院《意见》精神，省人民政府办公厅印发了《关于加强农业种质资源保护与利用的实施意见》，对全省农牧业种质资源保护与开发做出了全面安排。开展种质资源普查，挖掘本县粮油草作物、家畜种质资源，对曾经在县域内利用过，并且生产性能稳定、濒临灭绝的种质资源，县级农牧部门要收集保存，采取措施，确定责任主体加以保护，有条件的要繁殖利用，并向上级农牧部门报告。加强与作物种子企业合作，选择土地肥沃、光热条件好、降雨量适中的区域，加快粮油、马铃薯、芜根、燕麦

等作物良种繁育基地建设步伐，提高统一供种比例和良种覆盖率。在吉曲乡外乎卡村，由村集体经济组织统一经营，建立青稞、油菜良种扩繁基地（良种场），完善基地种子晒场、种子库房、田间道路、排水渠、种子精选机、翻耙压播收设备及生活设施，国家投入的基础设施及设备等所有财产，全部折股量化到村集体经济组织社员，种子扩繁计划每年由县级农牧部门确定，种子达标后由县种子部门回收，全县调配使用，凡县级种子部门调配的良种可以繁殖使用两年，在总结外乎卡村良种扩繁基地建设经验的基础上，继续建设燕麦、芫根、马铃薯等主要作物良种扩繁基地。遴选生产经营实现整村股份经营、1—2级能繁母牛数量达到500头左右、基础设施条件好的村集体经济组织，建立玉树牦牛扩繁场。

（五）着力打造农牧业绿色标准化生产基地

2021 年，农业农村部、青海省人民政府联合印发了《共同打造青海绿色有机农畜产品输出地行动方案》。《方案》指出，要以推进青藏高原生态保护和高质量发展为目标，以部省共建绿色有机农畜产品示范省为载体，以"提质、稳量、补链、扩输"为路径，加快转变农牧业发展方式，做优做强绿色有机农牧产业，增加绿色有机地理标志农畜产品有效供给，力争到 2025 年，青海省基本建成生态环保、特色鲜明、国内外知名的绿色有机农畜产品输出地。我们必须围绕农业农村部、省人民政府关于输出地建设的安排部署和州委州政府的要求，着力打造农牧业绿色标准化生产基地。按照县委县政府确定的黑青稞、白菜型油菜、马铃薯、芫根等 4 个主导品种，在香达镇、娘拉乡、吉曲乡、吉尼赛乡，建设 4 个万亩绿色标准化生产基地，实现"六高"目标，即良种覆盖率高，良种供给优先保障 4 个万亩基地，到 2025 年优良品种覆盖率达到90%；机械利用率高，4 个万亩基地耕耙压播收选储等耕作、初加工过程逐步实现机械化，到 2025 年机械化综合利用率达到 95%；绿色种植水平高，严格管控 4 个万亩基地投入品，灭草治虫全部使用生物制剂，禁止化学药品使用，控制化肥用量，加大有机肥使用力度，确保产品 100% 达到绿色标准；组织化程度高，基地建设要求适度集中、连片生产，4 个万亩基地生产经营全部由村集体合作经济组织、种植大户、加工企业统一经营；效益与产品品质高，通过规模化经营、机械化耕作、良种推广、投入品管控等措施，4 个万亩基地生产成本下降 20% 左右，增产幅度 40% 左右，产品全部达到绿色标准；标准化程度高，严格落实旱作农业生产国家标准、地方标准、部门规范，把好耕、耙、压、播、收、选、储精细化管理关口，科学倒茬，实现标准化生产。

（六）努力构建农牧结合草畜联动新机制

囊谦县地处三江源腹地，海拔高，冬季寒冷且雪灾频率高。由于区位偏南，夏季雨热同季，气候较为温和，年降雨量 600 毫米左右，适宜耐寒耐旱农作物生长。耕地面积达 13 万多亩（基本农田 7 万多亩，一般农田近 6 万亩），青稞、油菜、芫根、马铃薯及饲用燕麦等作物，在该区种植历史悠久，自古以来囊谦就被称为玉树的粮仓。囊谦的耕地资源优势为结构调整、高质量发展、草畜联动、循环发展奠定了坚实的基础。但这些优势还没有被发挥利用，没有理顺种养融合发展的思路，没有统筹协调好种养关系，仍然延续着依赖草场生产生活的传统观念，饲草料进村入户难上加难，生产上没有改变牲畜"夏肥、秋壮、冬瘦、春死亡"的恶性循环局面。我们必须清醒地认识，农牧结合、草畜联动是保护草地生态环境、构建循环发展的根本措施，是实现传统农牧业向现代农牧业转变的必由之路。要适应高质量发展的新要求，树立农牧结合的新理念，建立草畜联动的新格局，开展饲草料种植加工及进村入户提质增效行动，建立牧户、村集体（合作社）、乡镇政府、县农牧部门四级饲草料生产、加工、储备体系，加大饲草料进村入户推进力度。一是用好秸秆。利用好县内丰富的农作物秸秆，通过氨化、黄贮等精细化加工技术，适当添加营养制剂及预混饲料等措施，将秸秆转化为饲草料，让农作物秸秆解决牲畜最基本的吃饱问题。二是用好耕地。利用好县内丰富的耕地资源，在一般农田、轮歇地、低产田建立饲草料基地，有耕地乡镇建立饲草料基地 2000 亩，作为防灾饲草料和冬春补饲草料。开展规模化养殖的村集体经济组织建立饲草料基地 300~400 亩，作为冬春季节舍饲半舍饲及高效养殖饲草料。鼓励牧民搞好圈窝子种草，在饲草品种、种植机械、种植技术上给予扶持，形成牧户种草、储草及自我防灾的新观念。三是培育经营主体。要树立饲草料是畜牧业第一性生产资料、是现代畜牧业的重要产业的思想。作为产业必须有规模化经营的基础，有经营主体，有懂技术、会管理的人才队伍。必须着力培育草产业新型经营主体，优先扶持村集体经济组织、饲草料加工企业、种草大户发展草产业，在饲草料储备、耕作机械等设施设备上给予扶持，让他们成为饲草料产业发展的主力军。

（七）聚力打造名特优新农畜产品品牌

农业农村部、青海省人民政府联合印发的《共同打造青海绿色有机农畜产品输出地行动方案》，吹响了输出地建设的冲锋号。输出地打造的核心是青藏高原这个地球第三极净土，打造的内容是绿色有机农畜产品，打造的目标是输出更多的绿色有机农畜产品。没有地理标志品种与产品，没有产品品牌，绿色有机农畜产品输出地就是纸上谈兵。因此我们要抓住输出地建设机遇，着力品种培优、品质提升、品牌打造和标准化生产，加快培育名特优新农畜产品步伐。

同时根据农业农村部农产品质量安全中心下发的《关于进一步做好全国名特优新农产品收集登录工作的通知》〈农质安（法）【2020】1号〉文件要求，树立质量兴农、绿色兴农理念，增强品牌强农意识，做实做强本县农畜产品品牌。优先选择红盐牦牛、黑青稞、黑啤酒、黑彩陶及红盐、马铃薯、燕麦、芫根等产品，开展名特优新农畜产品认证工作，逐步开展耕地、草场、饲草、牦牛、藏羊绿色有机产地及产品认证，实施地标、地名认证，农牧部门要加快农畜产品商标注册，培育县域公共品牌、企业品牌、产品品牌，鼓励加工企业开发名特优产品，掌握自主知识产权。加强与科研机构、食品企业合作，共同研发绿色有机农畜产品，共同持有新产品产权。加大品牌宣传推介力度，积极参加国家、省、州举办的农畜产品产销会，组织加工企业、村集体经济组织及其他经营实体，参观考察新经营模式、新加工工艺及品牌培育途径、品牌打造路径。

（八）培育壮大名特优新农畜产品加工业

农畜产品加工业是接一连三的桥梁和纽带，是提升农畜产品附加值的重要举措，是带动农牧业有序发展的重要环节。尤其对囊谦县来说，农畜产品加工企业少、规模小、品质差、附加值低、竞争力弱及小作坊式占主导地位的情况下，难以实现优质优价、引领农牧业、共同致富的目标，必须采取有效措施，开创农畜产品加工新局面。一是出台扶持政策。结合本县实际，突出主导产业，依托产业基地，出台能够吸引人、稳住人、感召人并具有长期稳定性的农畜产品加工业落地见效的优惠政策，明确资金扶持、土地利用、水电路网通信配套、产业基地建设、环境要求、联农带牧机制等措施，发挥政策的导向引领作用。二是加大招商力度。要遴选农畜产品加工优势项目，编制项目可行性研究报告，邀请省内外科技、经济及食品加工专家，对可行性研究报告把关问脉，待项目酝酿成熟后，面向社会发布招商信息，公开招商。还要利用东西部协作机制，通过协作方政府牵线搭桥，有针对性地招商。三是培育本土企业。鼓励愿意为家乡投资兴办加工企业的本土企业家、村集体经济组织，兴办农畜产品加工业，他们除享受农畜产品加工优惠政策外，在技术上给予特别支持，在人才引进上给予特别扶持，在融资上给予特别帮助，帮助他们把加工企业办好、办优、办出成效。四是建立利益联结机制。农畜产品加工企业一头连着千家万户的农牧民，另一头连着千家万户的消费者，构建企业＋合作社＋农牧户＋市场的利益联结机制非常必要，也非常重要。树立联合经营、抱团取暖的经营理念，树牢利益共享、风险共担的风险意识，承担联农带牧、共同致富的责任担当。五是发挥信息技术作用。充分利用网络技术，搭建线上推介、宣传及产品销售平台，邀请网红及名人，把囊谦特色农畜产品、地标风貌传播出去，让全社会了解囊谦、热爱囊谦。

（九）健全农牧业高质量发展的人才保障体系

农牧业高质量发展需要人才、技术、装备、设施强有力地支撑，没有这个支撑，农牧业高质量发展就等于无源之水、无本之木，尤其是人才支撑更为关键。要下决心引进人才、培养人才、优化组合人才，努力打造一支爱农牧业、懂农牧业、技术熟练、能够实地指导农牧民生产的人才队伍，建立人才有效支撑农牧业高质量发展的新格局。一是制定人才激励机制。要出台引进人才、发挥人才作用、培养人才的政策机制，从政策层面出台人才充分发挥作用的保障措施。明确县乡优秀农技人员在职称评聘方面的优惠措施，调动县乡农技人员投身农牧业生产的积极性。把那些过去在囊谦县工作、技术过硬、退休且身体好的农技人员，聘请回来继续发挥作用，让他们做给农牧民看、带着农牧民干。聘请省内外农牧业产业、经济专家，发挥他们在决策咨询、技术咨询、政策咨询方面的作用。二是培养职业农牧民。确定职业农牧民培养对象，把那些道德品行好、有文化知识、热心农牧业技术、生产经营水平高的优秀农牧民，确定为重点培养对象，用请进来、送出去及师傅带徒弟的办法，锲而不舍地对他们循环培训、长期培训，并把他们纳入新技术推广、新品种试验的示范户，在技术补贴类项目上给予倾斜，把他们培养成乡土专家和致富带头人。三是优化农技队伍及防疫员职能。对现有农技人员进行优化组合，将乡镇农技服务中心或综合服务中心的专业农技人员，划归县级对口农技部门管理，统一开展农技推广工作。将现有村级防疫员职能进行优化，增加其畜种改良职能，发挥他们在畜种改良中的作用。

作者简介：

王会林，原省农牧厅总畜牧师，畜牧业处处长。

# 玉树牦牛区域公用品牌战略解读

娄向鹏

"粮食也要打出品牌，这样价格好、效益好"

**农牧品牌建设是推动区域社会经济高质量发展的战略抓手**

乡村振兴是三农工作的抓手

产业兴旺是乡村振兴的抓手

品牌强盛是产业兴旺的抓手

青海

最大的价值在生态

最大的责任在生态

最大的潜力也在生态


**青藏牦牛：“三个最大”的战略抓手**


重新认识牦牛：青藏高原命运共同体

没有牦牛就没有藏族

凡是有藏族的地方就有牦牛

生态生产生活生意，四生合一

精神的图腾，财富的象征，命运共同体

事关一个产业的转型升级

事关青藏高原生态保护

事关一个民族的持续稳定发展

## 世界牦牛看青海，青海牦牛看玉树

　　我国是牦牛的主产国，总存栏数约 1400 万头，占世界存栏总量的 90% 以上。青海省牦牛存栏总数 500 万头左右，占中国的 1/3 以上，玉树牦牛存栏约 190 万头占到青海的 1/3 以上。

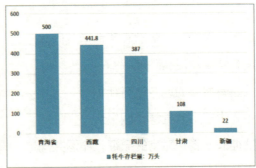

## 品类基因：特殊畜种，世界三大高寒动物

## 生态禀赋：三江之源，中华水塔

# 产业优势：野血牦牛发源地

## 1.6 万头野牦牛，占世界的 40%

## 文化富集：牦牛文化之源

人草畜共生，藏族文化集中区，牦牛文化论坛

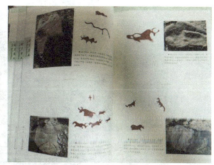

## 产业痛点与突破点
### 熟悉的陌生牛：四化同治

平衡化：人草畜的平衡发展

标准化：产品的标准化生产

持续化：产品的持续化供应

消费化：从听故事到吃高端

**新时代的战略命题：**

玉树牦牛如何主动作为，实现高质量发展？

**关键点突破**

**品牌驱动产业，市场反哺生态**

亟须通过战略品牌营销，重塑玉树牦牛的产业价值、引领行业升级

## 改革开放四十年来最大的市场趋势之一

消费升级：从吃饱到吃好

好吃　放心　健康　方便　快捷　时尚　个性　好玩

我国社会的主要矛盾：人民日益增长的美好生活需要和不平衡不充分的发展之间的矛盾。

## 厨房餐桌食品品牌革命时代到来

人均 GDP 一万美元，四亿新中产，万亿级的超级大市场

抢占菜篮子、米袋子、肉盒子、油罐子、果盘子、嘴巴子

福来《品牌农业》五部曲

# 新时代的经营王道
## 做有"根"有"魂"的事

　　"根与魂"是经营的任督二脉，打通，则目标更明确、竞争更有力、事业更长久！

## 战略之根

以野血牦牛为内核的高端标准牦牛肉品

以野血牦牛立根基，以高端标准产品促发展

## 战略使命

构建青藏高原命运共同体

助力青藏高原人草畜平衡

打造生态优先的玉树模式

生态、生产、生活、生意，四生合一

## 战略目标

打造世界贵稀牛肉品牌

站在世界高度，打造成与日本和牛比肩的世界两大贵稀牛肉

# 营养品质：四高品质，肉牛之冠

## 高蛋白质、高氨基酸、高微量元素、高不饱和脂肪酸

**牦牛肉的营养价值**

牦牛生活在青藏高原，具有明显的品质特点。和普通牛肉比，更高的蛋白含量，更低的脂肪。有数据显示：

1、蛋白质%：23.18，日本雪花牛21.88，黄牛20.25；

2、脂肪%：1.45，雪花牛4.66，黄牛3.53；

3、氨基酸%：23.13，雪花牛18.75，黄牛18.21；

4、熟肉率%：69.79，雪花牛53.25，黄牛63.41。

《吕氏春秋》载"肉之美者，牦象之肉"，在港澳和西欧市场，牦牛肉被誉为"肉牛之冠"。

如果没有那么多的牦牛支援红军，

我们是很难走出雪山草地的！

——毛泽东

摘自：降边嘉措·《格萨尔》与牦牛文化

## 品牌灵魂

高原正能量

来自无污染的青藏高原，更生态，更健康，更营养

玉树牦牛，用坚定的信仰，成就高原正能量

## 物质层面

高蛋白质、低脂肪；高氨基酸（肌氨酸使训练更持久）

高微量元素（锌镁铁）、高不饱和脂肪酸（亚油酸）

比牛肉更"牛"的牛肉（供俄罗斯宇航员）

四高牛肉，牛肉之冠

## 精神层面

生态优先，无私奉献，守护中华水塔

坚韧、无畏、奉献的玉树精神

**福来方法**

品牌灵魂嫁接心智公共资产是诞生伟大创意的最佳路径


**从高原正能量品牌灵魂出发，联想到什么？**


大自然的力量

原始的力量

原生态的力量

玉树牦牛，需要一个代表强大力量的公共资产


**众里寻她，重大发现**
**一个世界性国民级的公共话语资产**


洪荒之力

天地玄黄，宇宙洪荒

洪荒之力指如天地初开之时足以毁灭世界的自然之力

## 玉树牦牛肉，吃出洪荒之力

借势国民级的世界超级公共资产

洪荒之力，原始的力量

与玉树牦牛野血基因契合

一触入心，引起共鸣，促进行动

一句抵一万句，一遍抵一万遍

## 玉树牦牛价值体系

居野血牦牛发源地——稀有牛源

饮三江源头纯净水——稀有水源

食九种雪域格桑花——稀有食源

## 品牌标识与品牌图腾一体化

玉树州

高原明珠

野血牦牛发源地

牦牛
藏民族生命
与力量的源泉

称多岩画，牦牛文化历史的记录者

格桑化
青藏高原优质生态代表
幸福吉祥之花

### 识别性

以汉字"玉树"出发点，强调地域性。"玉树"两字与牦牛外形做同构处理，体现行业属性。牛角夸张，体现玉树牦牛野血牦牛种源特点。

### 应用性

整体造型简洁明了，适用于不同工艺、材质。应用性强。

### 象征性

牦牛口衔格桑花静静伫立，体现青藏高原优质美好的生态环境。格桑花与"玉"的"点"置换，点睛之笔。图腾灵动鲜活跃然纸上。

### 文化性

称多岩画肌理处理，

笔断意连，体现牦牛悠久的历史地域文化特性。

野血牦牛，勇猛与力量的化身

**吉祥物：小玉神**

**文化性：**洁白的哈达凸显地域特色及热情文化。

**识别性：**野血牦牛特征，体现品类属性。

**广谱性：**洪荒之力，冲刺动作，跑步运动，最为广谱，场景代入。

**象征性：**目光坚毅，勇往直前，高原力量，玉树精神，中国速度。

**运营模式：政府主导，企业主营，双轮驱动**

　　重点扶持产业化龙头企业，通过政策和资金杠杆，形成玉树牦牛区域公用品牌的强势市场经营主体，提升区域公用品牌和用户品牌影响力。

　　纵向发展（种、草、肉、干、乳、皮、毛等），错位竞争；同时坚持横向融合（三产融合），助力玉树牦牛产业集群式高质量发展。

**激光穿透：集中力量办大事！创建牦牛产业大会**

　　以国际视野，聚合优质产业资源，抢占行业制高点，创办国家级和世界级产业大会，为世界牦牛找个家，打造"世界牦牛之都"。

　　产业品牌、区域品牌、乡村振兴品牌，三位一体，

　　品牌建设、产业升级、招商引资，三管齐下，

　　生态、生产、生活、生意，四生合一。

## 玉树牦牛"大牛头"模式

## 打造新时代乡村振兴和生态文明的"玉树模式"

东有寿光"智慧农业"

西有玉树"四生合一"

作者简介：

娄向鹏，福来咨询董事长、玉树牦牛品牌战略顾问、中国人民大学品牌农业课题组组长。

博见

才仁当智　画作

# 从"Yurt"，"Ger"到"sBra"：
# 世界游牧帐篷建筑文化研究评论①

宗喀·漾正冈布　杜礼杨②

游牧帐篷（Nomadic Tent）是世界范围内以游牧、渔猎、游猎为主要生计方式的人群普遍使用的一种移动建筑。一般来说，帐篷被认定是一种可移动

① 本文为 2015 年度国家社科基金重大项目"藏蒙医学历史与现状调查研究"（15ZDB116）和 2018 年兰州大学"一带一路"专项重点项目《"一带一路"海外民族志调查与整理研究——以吉尔吉特－巴尔蒂斯坦（Gilit-Baltistan）为中心》（2018ld－brzd001）及 2011 年度教育部人文社会科学重点研究基地重大项目"世界民族概论"（11JJD850009）阶段性成果。本文由同名作者合撰发表的《拂庐黑帐篷研究评论》（《中国民族学》2020 年第 2 期第 26 辑，第 77－90 页）、宗喀·漾正冈布，杜礼杨，梁宇舒《藏地拂庐的形制与建造——以格尔登拂庐为中心的调查》（《建筑学报》2022 年第 10 期）改编、补充而成。
② 宗喀·漾正冈布（Yongdrol Tsongkha），文学学士（1985）、历史学硕士（1988）、医学博士（1995）。历任中国科学院自然科学史研究所助理研究员（1995—2000）、印第安纳大学藏学与人类学助（副）教授（1999—2003）和研究员（2003—）、兰州大学民族学与藏学教授、博导（2004—）及藏缅－阿尔泰研究所所长（2005—）、牛津大学访问教授（2014—2016）等。宗喀教授在藏学、世界宏观历史、历史语言学、文化遗产保护等领域进行了开拓性研究和卓越田野工作，近 30 年来在中美欧培养了近百名优秀博士和其他青年学者。杜礼杨（Jamyang Wan—du），现为云南大学民族学与社会学学院（社会工作学院）社会文化人类学方向在读博士，2018－2021 年为兰州大学藏缅－阿尔泰研究所硕士研究生，师从宗喀教授从事拂庐等吐蕃特历史文化遗产研究。

的住所，往往由兽皮、帆布或类似材料制成，用杆子撑开。[①]根据其形状和材料的相似性，托瓦尔德·费格勒（T.Faegre）、菲利普·德鲁（P.Drew）等学者将游牧帐篷分为圆锥形帐篷（Conical Tents，即覆盖毛皮且呈圆锥形的帐篷）、毡制帐篷（Kibitka Tent，即覆盖毛毡的穹顶式框架结构帐篷）、黑帐篷（Black Tent，即由深色牲畜毛发编织的帐篷）三种主要类型。

圆锥形帐篷主要分布自斯堪的纳维亚高原（the Scandinavian highlands）到拉布拉多（Labrador），横跨欧亚大陆和北美洲的北部地带。使用圆锥形帐篷的人群多为以狩猎或渔猎为主要生计方式的族群，他们大多讲乌拉尔－阿尔泰（Ural-altaic）语，如古西伯利亚人（Palaeo-siberian）和爱斯基摩人（Eski－mo）。有美洲印第安人（American Indians）也多使用此类圆锥形帐篷。圆锥形帐篷制作材料较为多样，包括驯鹿、海豹、海象、野牛等动物的毛皮或白桦树皮等。[②]

毛毡帐篷（Yurt）通常呈圆柱形，少数呈圆锥形，顶部呈半球形，主要分布在中亚高原地区，并向西扩散到伊朗，即降雨量为254~508毫米的干燥高原和半干旱气候区，这里足以养活大量绵羊和马匹。[③]居住毡帐的群体主要属于乌拉尔－阿尔泰（Ural-altaic）语系，"Yurt"一词在突厥语中意为"住宅"，蒙古语为"ger"，俄语作"kabitka"，阿富汗语则为"kherga"或"ooee"。[④]藏语为"gur"，藏语"gur"显然与蒙古语"ger"和阿富汗某地方母语"kherga"同源。

黑帐篷，即作为游牧帐篷中的重要组成部分，其分布范围广，样式多。主要分布在北纬25度至40度之间的干旱和半干旱气候区。在材质与结构方面具有一定的共性特征，即材质上主要使用深色牲畜发编织制成，结构则为拉伸

① Carl Gunnar Feilberg.La Tente Noire:Contribution Ethnographique a l'Histoire Culturelle Des Nomades [M]. Copenhagen:Impr. par B. Lunos Bogt,1944:28.

② Philip Drew.Tensile Architecture[M].New York:Westview Press, Inc,1979:1-5.

③ Philip Drew.Tensile Architecture[M].New York:Westview Press, Inc,1979:1-5.

④ Torvald Faegre.Tents：Architecture of the Nomads [M].New York:Doubleday，1979 :78.

图 1　北美中部大平原的印第安花纹 Tipi 帐篷①

图 2　北美中部大平原的印第安 Tipi 帐篷②

图 3　加拿大艾尔伯特南部印第
安人的黑脚圆锥帐篷③

图 4　格鲁吉亚（Georgia）的毛毡帐篷④

① Smithsonian Institution. Bureau of American Ethnology.Annual report of the Bureau of American Ethnology to the Secretary of the Smithsonian Institution[M].Washington:Govt. Print.Off.1895:154.

② Smithsonian Institution. Bureau of American Ethnology.Annual report of the Bureau of American Ethnology to the Secretary of the Smithsonian Institution[M].Washington:Govt. Print.Off.1895:71.

③ Marc Denhez.The Canadian Home:From Cave to Electronic Cocoon[M].Toronto:Dundurn Press.1994:17.

④ John・DeFrancis. In the footsteps of Genghis Khan[M].Hawaii:University of Hawaii Press.1993:46.

图 5　帕米尔山脉（Pamir Mountains）　　　　图 6　帕米尔山脉（Pamir Mountains）
　　　地区带有花纹的毡帐①　　　　　　　　　　　　地区的传统毡帐②

式结构（Tensile Architecture）。目前，对于世界范围内黑帐篷的分布、分类与起源等的研究，以卡尔·贡纳尔·费尔伯格（C.G Feilberg）、托瓦尔德·费格勒、菲利普·德鲁等学者为代表，然而他们对阿拉伯和伊朗等地的黑帐篷着墨较多且描述细致，对吐蕃特类型黑帐篷的划分及描述十分简单。

## 一、黑帐篷类型的相关研究

费尔伯格于 1944 年出版了《La Tente Noire：Contribution Ethnographique a l'Histoire Culturelle Des Nomades》一书，首次将世界范围内的黑帐篷划分为西部/阿拉伯（Western or Arabian）和东部/波斯（Eastern or Persia）两大类型，③此后的众多研究者也大多采用此分类模式。他共记录了 20 多种黑帐篷，其中最主要的 14 种代表类型为摩洛哥（Morocco）类型、摩洛哥和撒哈拉（Sahara）间的过渡类型、毛里塔尼亚（Mauritania）

① Jon·Thompson.Carpets:from the tents, cottages and workshops of Asia[M]. London:Barrie & Jenkins.1988:86.

② Jon·Thompson.Carpets:from the tents, cottages and workshops of Asia[M]. London:Barrie & Jenkins.1988:53.

③ 详见 Carl Gunnar Feilberg.La Tente Noire:Contribution Ethnographique a l'Histoire Culturelle Des Nomades[M].Copenhagen:Impr. par B. Lunos Bogt,1944.

类型、阿尔及利亚（Algeria）类型、突尼斯（Tunisia）类型、的黎波里塔尼亚（Tripolitania）类型、利比亚（Libya）类型、埃及（Egypt）类型、阿拉伯（Arab）及周边类型、安纳托利亚（Anatolie）类型、库尔德（The Kurd）类型、伊朗（Iran）类型、阿富汗（Afghan）和俾路支（Baluchistan）类型、西北德里（North West Delhi）类型、吐蕃特（Tibetan）、欧洲（Europe）类型等。

1970年，费格勒与德鲁在费尔伯格的研究基础上，对黑帐篷的资料进行了扩充。费格勒以费尔伯格的分类方法为前提，从建筑的结构属性对黑帐篷进行了探讨。[1]德鲁则将吐蕃特黑帐篷同阿拉伯、波斯两大类型并列，将世界范围内黑帐篷划分为阿拉伯类型、伊朗类型（包括阿富汗类型）以及吐蕃特类型三种。他认为，20世纪中期兴起的"张拉膜结构（Tensioned Membrane structure）建筑与以黑帐篷为主的传统游牧帐篷有着紧密联系。"[2]与其他几乎连续分布的黑帐篷相比，由于喜马拉雅山脉的阻挡，吐蕃特类型在地理上呈独立分布状态。即便如此，在某些形制特征上，吐蕃特类型与伊朗－阿富汗及其周边地区的黑帐篷仍存在着明显的相似性，如费格勒所说"吐蕃特黑帐篷大体呈盒状，与阿富汗高卢（Qashqai）地区的帐篷类似"。[3]

## 二、黑帐篷的分布及分类

（一）黑帐篷的分布

黑帐篷的地理分布几乎是连续的，从非洲西北部的毛里塔尼亚延伸到阿富

---

① Torvald Faegre.Tents：Architecture of the Nomads [M].New York:Doubleday，1979：13.

② Philip Drew.Tensile Architecture[M].New York:Westview Press, Inc,1979:41.

③ Torvald Faegre.Tents：Architecture of the Nomads [M].New York:Doubleday，1979：57-59.

汗，再加上孤立的吐蕃特帐篷群，主要局限于北纬 25 度至北纬 40 度之间的狭窄地带，尤其在北纬 30 度至北纬 35 度间最为集中。[1]使用黑帐篷的牧民族群生活的区域有：毛里塔尼亚、摩洛哥、阿尔及利亚、突尼斯、埃及（奥莱德阿里地区）、阿拉伯国家、欧洲（吉普赛人）、土耳其（约鲁克地区和库尔德地区）、伊朗、阿富汗、巴基斯坦（俾路支地区）以及最远在青藏高原。大多数地区都属于干旱地带，以炎热干旱或半干旱的气候为特征。相应地对于黑帐篷的需求就是提供抵御风、沙、尘土的庇护。[2]

（二）黑帐篷的分类

不同类型的黑帐篷在脊状支撑（the Ridge support）[3]方面存在着明显的区别。黑帐篷的脊状支撑以阿拉伯北部为中心向周围呈逐渐简化的趋向，使用材料（通常是木材）的数量也随之减少，而随之增加了稳定所需的膜状预应力[4]（the Velum prestress）。[5]费尔伯格认为黑帐篷起源于原始

① Carl Gunnar Feilberg.La Tente Noire:Contribution Ethnographique a l'Histoire Culturelle Des Nomades[M].Copenhagen:Impr. par B. Lunos Bogt,1944:113.

② Angela Manderscheid.The Black Tent in Its Easternmost Distribution: The Case of the Tibetan Plateau[J].Mountain Research and Development,2000:154.

③指内部木杆支撑篷布所形成的突出的山脊状结构，阿拉伯类型通过顶升支柱，通常一到两根木杆只能形成一个脊状结构，阿拉伯类型由为多组连续且并排的脊状结构组成，形似连绵的山脊，所需的内部木杆较多，脊状结构的数量由阿拉伯向周边大致呈减少趋势，东部的藏式黑帐篷一般只呈现一个突出的脊状结构。

④ Velum 也称 Velarium，指罗马时代在斗兽场常用的一种用于遮阳挡雨的纺织品悬垂物，本文指代产生拉伸力的帐篷表膜；预应力，物理学术语，指为避免结构破坏，预先施加压应力，以此来全部或部分抵消荷载导致的拉应力。黑帐篷内部的顶升支柱越多，帐篷表膜被分散的力就越多，随着支柱的减少，表膜拉伸力将集中于少量的支柱上，这样会使每组顶升支柱承受更多的力，更容易造成帐篷表膜结构的破坏，因此，藏式黑帐篷虽然只有一个山脊状结构，但帐篷被分为可以开合的左右两部分，并且由一根纵向的"山脊支柱"承接直立式的顶升支柱，减少了顶升支柱对帐篷表膜直接施加的压力，形成了与其他地区不同的带有天窗的帐篷种类。

⑤ Philip Drew.Tensile Architecture[M].New York:Westview Press, Inc,1979:43-44.

棚屋，1963 年，丹麦人类学家尼古拉森（Nicholaisen）在费尔伯格研究成果的基础上，用大量证据推测黑帐篷起源于北非图阿雷格拱形小屋（Tuareg Vaulted hut）。[①]几乎所有的黑帐篷都有以下要素：篷布由动物毛（通常是山羊毛）编织成的深色材料条组成，缝在一起的篷布或多或少地通过绳索施加预应力，并由杆子和木桩支撑；屋顶和墙壁之间有区别。[②]

综合上述对黑帐篷各个类型的记录和类别划分，我们对黑帐篷的主要类型做如下梳理与归类：

### 三、黑帐篷主要形制及特征

（一）西部类型

1. 阿拉伯及其周边地区

（1）巴勒斯坦－叙利亚（Palestine-Syria）类型

篷布由黑山羊毛编织而成，内部的每根横梁都有 1~2 根直立木杆支撑，两者的结合使帐篷显现出多个突出部分，且呈"山脊"状，数量一般为 3、5、7、9 等奇位数，其中，最中间的"山脊"最高，高度大致由中间向两侧呈等值递减的趋势。[③]阿洛伊思·穆齐尔（Alois Musil）于 1890 至 1914 年在阿拉伯北部进行了贝都因黑帐篷的调查，他对该类型帐篷的立柱数量也进行了描述："一般来讲，小帐篷内部有 3 根柱子，大帐篷有 5 排、7 排、9 排，每排 3 根柱子。为了防止撑杆顶破篷布，牧民会将小方形织物或小木板放在柱子顶端。"[④]

---

① Johannes Nicholaisen，Ecology and Culture of the Pastoral Tuareg with Particular Reference to the Tuareg of Ahag — gar and Ayr.Nationalmuseets Skrifter Etnografifisk Raekka Ⅸ，Copenhagen，1963，p.350f.

② Carl Gunnar Feilberg.La Tente Noire:Contribution Ethnographique a l'Histoire Culturelle Des Nomades[M].Copenhagen:Impr. par B. Lunos Bogt,1944:223.

③ Philip Drew.Tensile Architecture[M].New York:Westview Press, Inc,1979:66.

④ Alois Musil.Arabia Petraea Ⅲ.Ethnologischer Reisebericht.[M].Wien: A. Holder.1908:124-132.

### 表 1 黑帐篷分类表①

| 主要类型 | 分布地区 | 亚类型 |
|---|---|---|
| 西部类型 | 北非 (North Africa) | 1. 摩洛哥 (Morocco) 类型<br>2. 摩洛哥和撒哈拉 (Sahara) 间的过渡类型<br>3. 毛里塔尼亚 (Mauritania) 类型<br>4. 阿尔及利亚 (Algeria) 类型<br>5. 突尼斯 (Tunisia) 类型<br>6. 的黎波里塔尼亚 (Tripolitania) 型<br>7. 利比亚 (Libya) 类型<br>8. 埃及 (Egypt) 类型 |
|  | 阿拉伯 (Arabian) 及其周边 | 1. 巴勒斯坦 (Palestine) 和叙利亚 (Syria) 类型<br>2．北部阿拉伯类型 (The Anaiza tent、The Fed's an tent、The Sba'a tent、The Ruwalla tent )<br>3. 中部阿拉伯类型<br>4. 美索不达米亚 (Mesopotamia) 类型 |
|  | 东南欧及安纳托利亚 (Anatolia) | 1. 吉普赛 (Gypsy) 类型 |
| 东部类型 | 伊朗 (Iran)、阿富汗 (Afghanistan) 及其周边地区 | 1. 库尔德 (The Kurd) 类型<br>2. 鲁尔 (The Lur) 类型<br>3. 高卢 (The Ghilzai)/ 杜兰尼 (The Durānnī) 类型<br>4. 布拉灰 (Brahui) 类型<br>5. 锡斯坦 (Sistan) 类型<br>6. 台玛尼 (Taimanni) 类型<br>7．俾路支斯坦 (Baluchistan) 的筒形穹顶帐篷 (The barrel-vaulted tent)<br>8. 莫卧儿 (The Mughal) 类型<br>9. 西北德里 (North West Delhi) 类型 |
|  | 吐蕃特 (Tibetan) 地区 | 暂无较为合理的分类 |

———————————

①此表综合费尔伯格、费格勒、德鲁等人关于帐篷分类的研究成果进行总结，详见 Carl Gunnar Feilberg.La Tente Noire:Contribution Ethnographique a l'Histoire Culturelle Des Nomades[M].Copenhagen:Impr. par B. Lunos Bogt,1944:36-108；Torvald Faegre.Tents：Architecture of the Nomads [M].New York:Doubleday，1979：8-59；Philip Drew.Tensile Architecture[M].New York:Westview Press, Inc,1979:49-80.

在炎热的季节，牧民将两侧的篷布用小木棍固定在屋顶上，使得帐篷可将四周篷布全部敞开，后墙下用石头和荆棘堆砌，以防止风吹。内部有长帘系在3根内柱上，由此将内部划分为男性和女性两个活动空间，女性区域通常大于男性。外部撑杆许多采用了树杈支撑侧绳或角绳，也同样支撑固定内部隔帘延伸出的外绳。[①]

（2）北部阿拉伯（North Arabia）类型

帐篷内部有两排横向平行的直立木杆，每两根木杆支撑一根横梁及横梁所延伸出的外绳，通常靠外的直立木杆呈"Y"状，帐篷后部木杆较少，后墙呈垂直状。以"Anaiza"地区贝都因人的某个部落为例，篷布分别由60~70厘米的羊毛布条缝合而成，平均11.4米×4.8米的篷布由8条60厘米宽的布条组成，后墙由3条高1.8米的羊毛布组成，男女隔帘高1.6~1.7米，内部主杆顶部放置木制圆盘。[②]有一种更轻的种类是用棉花和羊毛混合织成的，帐篷布必须每四年更新一次，当家中有人买来帐篷布料后交给妇女，妇女们在经验丰富的老妇人的监督下，用粗山羊毛线把布条缝在一起，在篷布中间缝上一块直径10厘米的小圆板，杆的尖端穿入其中。[③]

（3）中部阿拉伯（Central Arabia）类型

篷布水平伸展在9根（共3排，每排3根）柱子上，中间的柱子上有一根短的脊梁，纵向放置在帐篷上。人们认为山羊毛是最好的材料，特别是对于屋顶，屋顶必须比墙壁厚。与帐篷墙壁一样，内部隔帘由3条缝合在一起的布条组成，因此帐篷内部由此被分隔为男性和女性两个部分。在这些帐篷中，墙壁可以延伸到帐篷外，这是在夏季时节的设置。[④]

（4）美索不达米亚（Mesopotamia）类型

美索不达米亚的帐篷通常前后都有墙，美索不达米亚北部的沙坶

---

① Carl Gunnar Feilberg.La Tente Noire:Contribution Ethnographique a l'Histoire Culturelle Des Nomades[M].Copenhagen:Impr. par B. Lunos Bogt,1944:67.

② Philip Drew.Tensile Architecture[M].New York:Westview Press, Inc,1979:67.

③ Alois Musil.Arabia Petraea Ⅲ.Ethnologischer Reisebericht.[M].Wien: A. Holder.1908:61-78.

④ J·J·Hess.Von den Beduinen des innern Arabiens.Zürich:Max Niehans.1938:108.

（Shammar）帐篷有 3 排横杆，纵轴下的内杆数从 2 根到 9 根不等。[1]前杆上端分叉，帐篷的绳子穿过叉子。山羊毛和骆驼毛所织的褐子组成了矩形的遮阳篷，用窄的带子加固，这样可以保护它们不受杆尖的磨损。帐篷的前部和后部都会悬挂一块特殊的织物墙布，但由于绳索较长，通常会在敞开的正面上方升起。[2]

2. 非洲北部地区

黑帐篷被认为是由类似于图阿雷格帐篷的兽皮或草席帐篷演变而来，以利比亚的"Aulad Ali"为界，其西部为北非黑帐篷的本土类型，其东部的北非地区主要偏向于阿拉伯类型的特征，而"Aulad Ali"帐篷更像是两地的结合体。传统的北非类型有以下共性：内部由两根交叉的直立木桩将顶部横脊支撑，使得屋顶呈马鞍状，篷布缝有条纹图样，贴近地面部分设有较短的篷布围绕底部，由于北非地貌景观的多样性，使得北非类型的亚类型更加丰富，山地常见棕榈叶纤维与羊毛、驼毛混合编织的帐篷，兽皮、草席等多作为黑帐篷围墙。[3]北非类型大体包括大致 8 类，我们以撒哈拉西部和西北部的摩洛哥类型、毛里塔尼亚类型和阿尔及利亚类型为例进行描述。

（1）摩洛哥（Morocco）类型

摩洛哥柏柏尔人的帐篷由居住在阿特拉斯山脉（Atlas Mountains）的部落使用。帐篷的顶部脊杆（横梁）由 2 根立柱支撑，脊杆长约 2 米，形状略呈弧形，通常饰有几何图案，有时也被染成绿色或红色，其两个末端为方形、圆形或燕尾形。内部立柱高 2.5~3 米，通常选取雪松木，立柱顶部被些许削尖并顶在脊杆的卡槽中。[4]山区降雨多，因此帐篷屋顶的倾斜度更大。屋顶布

---

① Max Freiherrn von Oppenheim，Vom Mittelmeer zum Persischen Golf，11Berlin，1899—1900，p.44f.

② Ernst Rackow，Das Beduinenzelt.Baessler-Archiv.21 Berlin，1938，p. 177.

③ Philip Drew.Tensile Architecture[M].New York:Westview Press, Inc,1979: 49.

④ Carl Gunnar Feilberg.La Tente Noire:Contribution Ethnographique a l'Histoire Culturelle Des Nomades[M].Copenhagen:Impr. par B. Lunos Bogt,1944:38.

图 7　约旦河（Jordan River）畔贝都因
人的黑帐篷[①]

图 8　恩吉泽克山（Engizek
Mountain）地区的黑山羊毛帐篷[②]

图 9　中东 "Alikanli" 部落的夏季帐篷群[③]

的末端留有条纹，有助于雨水从屋顶边缘流出。墙壁窗帘的宽度为 4~5 英尺，由立式织机编织。篷布使用不到 5 年，便开始磨损，每年 10 月，帐篷布在中间分开，并增加两条新的篷布，所以，帐篷向外生长，并且只要更新帐篷，帐

①拍摄作者：Sepia Times/Universal Images Group via Getty Images; 见 Beatrice Forbes Manz.Nomads in the Middle East[M].Cambridge University Press,2021:6.

② Jon·Thompson.Carpets:from the tents, cottages and workshops of Asia[M]. London:Barrie & Jenkins.1988:53:15

③ Roger Cribb. Nomads in archaeology[M].cambridge:cambridge university press.1948:207.

篷整体就可以延续。[①]关于帐篷的更新，我们调查的阿坝若尔盖、黄南尖扎县、泽库县等地之拂庐与上述摩洛哥帐篷的更新方法基本一致。

与其他黑帐篷相比，摩洛哥帐篷在原料选取上利用了大量植物元素，例如，用矮棕榈树叶或山羊毛与棕榈叶的混合材料编织篷布，并且通常借助混合了树皮汁液、石榴皮汁液、硫酸铜等物质形成的液体将篷布染成黑色。男人将条状编织物缝合成完整的矩形篷布，小型帐篷需至少 3 条、中型帐篷需至少 5 条、大型帐篷需至少 10 条。[②]为了在恶劣天气保护帐篷，帐篷两侧和后侧贴近底部之处用芦苇等编织的草席围绕，内部垫子也多由椰枣纤维、棕榈茎等编织而成。以内部中心杆为轴，将内部划分成不同区域，壁炉的前部区域为女性保留，用于家庭活动，其余部分为男性和客人保留。[③]

（2）毛里塔尼亚（Mauritania）类型

18 世纪和 19 世纪的历史报道描述了圆锥形或金字塔形帐篷。其形状在 M·E·Rackow 于 1931 年绘制的 "Bou Tillimit" 帐篷草图中得到了证实，[④]在草图中，帐篷外部篷布的 4 个外角被绳子拉伸后整体呈四棱锥形，在其内部固定有一根条带，其两端各设一组带有弯曲木头和绳索的链接，屋脊处放置了一根短而弯曲的脊杆，由两个交叉的立柱支撑形成屋顶的尖顶。[⑤]交叉内柱与篷布长度相当，并被两侧弯曲的篷布覆盖。拉力带固定于篷布上，并沿帐篷带的方向朝帐篷两侧拉下，而不是像大多数北非帐篷那样成直角。[⑥]

① Torvald Faegre.Tents：Architecture of the Nomads [M].New York:Doubleday，1979：30.

② Carl Gunnar Feilberg.La Tente Noire:Contribution Ethnographique a l'Histoire Culturelle Des Nomades[M].Copenhagen:Impr. par B. Lunos Bogt,1944:38.

③ Philip Drew.Tensile Architecture[M].New York:Westview Press, Inc,1979:50−52.

④ Philip Drew.Tensile Architecture[M].New York:Westview Press, Inc,1979:49−50.

⑤ Torvald Faegre.Tents：Architecture of the Nomads [M].New York:Doubleday，1979:45.

⑥ Imraguen'in Family of Man：Peoples of the World, How and Where they Live.4 Pt.46, pp.1277−1278.

（3）阿尔及利（Algeria）类型

阿尔及利亚帐篷的基本结构与摩洛哥柏柏尔帐篷相似。其狭窄的末端以及几乎贴近地面的后墙使得阿尔及利亚帐篷不需要单独的墙帘。这些帐篷有许多从里面推下来的木杆，山区部落的帐篷比沙漠帐篷大，可能反映了山区部落的羊群更多。[1]篷布上会有三角形的散烟窗口，在两根交叉杆上形成凸起的短而弯曲的屋脊，帐篷内部存在直立内柱、"T"形内柱、交叉内柱等，主杆和屋脊比摩洛哥山地帐篷小。部落不同，帐篷被染成的颜色和图案有时也不尽相同。[2]在"Ain Oussara"高原地区，篷布有黑色和棕色条纹，游牧部落"Ouled Nail"则将篷布连接的中央部分染成棕红色，偶尔，边缘的条纹也会染色或者编织成花纹形状。在阿尔及利亚中部，尺寸较大的游牧帐篷是由木针和木环固定的，内部缝制了至少3条条状布带，一端缝制在篷布上，一端固定在地面，通常中间的一条宽于侧面的条带，它们通常被染成红色、黑色、白色、橙色等，并装饰有几何图案，由至少一根立柱固定。外侧立柱数量根据篷布的尺寸决定。[3]

（二）东部类型

1. 伊朗－阿富汗（Iran-Afghan）及其周边地区

伊朗－阿富汗类型主要为纵向的压力，帐篷的横梁下置放直立的内部木桩，横梁构成一纵轴，将屋顶分成两部分，屋顶更加狭窄。大体上，此类帐篷可细分为两类：普通型和筒状穹顶型。由于地理环境的复杂性，此类型的亚类更加丰富，但都是围绕两个基本的帐篷原型：有脊屋顶的长方形帐篷（A ridged roof rectangular tent）和筒状穹顶或拱形（Barrel-vaulted or arched form）。[4]

① Torvald Faegre.Tents：Architecture of the Nomads [M].New York:Doubleday，1979 :34.

② Philip Drew.Tensile Architecture[M].New York:Westview Press, Inc,1979:52－54.

③ Carl Gunnar Feilberg.La Tente Noire:Contribution Ethnographique a l'Histoire Culturelle Des Nomades[M].Copenhagen:Impr. par B. Lunos Bogt,1944:47.

④ Philip Drew.Tensile Architecture[M].New York:Westview Press, Inc,1979:70－71.

图 10　东北非洲（Northeast of Africa）的黑帐篷[①]

图 11　阿特拉斯山脉（Atlas Mountains）地区带有草席围墙的黑帐篷[②]

（1）库尔德（The Kurd）类型

在库尔德人的生活范围内，其中有许多不是牧民，从范湖（Van Golu）以南的土耳其境内的幼发拉底河（Euphrates）到伊朗西部克曼沙赫（Kermanshah）以北呈弧形延伸。篷布由 3 排纵向的杆子支撑，但是两边的木桩与中间的木杆不相称。篷布被分成两个部分，它们用编织环和小木棍相连。[③]此结构在吐蕃特类型中较为普遍，藏语中将此类纽扣叫作"恰如"（cha ru）[④]。一般来说，库尔德帐篷由粗黑羊毛编织而成，它们被芦苇席包围着，这些芦苇席非常轻便，因此易于运输，它们还用于将男女活动区域分开，并用荆棘搭建成动物的围栏。[⑤]

---

① Photo by Brenda Zara Seligman,ca.1909-1910, British Museum Collection, No. Af,A54.28.

② P. L. Nervi,.Aesthetics and Technology in Building[M].Massachusetts: Harvard University Press.1966: 90.

③ Carl Gunnar Feilberg.La Tente Noire:Contribution Ethnographique a l'Histoire Culturelle Des Nomades[M].Copenhagen:Impr. par B. Lunos Bogt,1944:83.

④恰如（cha ru），一种由短牛毛绳和短木棍做的纽扣，藏式黑帐篷中一种常见的部件，用于连接天窗幕布与帐篷顶部。

⑤ Adrien Dupré.Voyage en perse.paris:J.G. Dentu.1819:82.

（2）俾路支（The Baluchistan）类型

阿富汗地区西部游牧部落常见一种马鞍形状屋顶的黑帐篷，也有学者将之描述为筒状穹顶帐篷。俾路支帐篷由黑山羊毛发组成，底部布料少，易于散热，其支柱呈拱形，由多个嵌入地面的半环形木杆支撑，篷布四角由叉形木杆支撑，季节的不同，环形木杆和延伸至地面的篷布面积也不尽相同。①

（3）鲁尔（The Lur）类型

鲁尔人属于山地游牧民族，鲁尔帐篷由黑山羊毛织成，屋顶呈突出的脊状，其篷布分为两部分，通过木、绳所制的纽扣将两部分连接。这与库尔德类型和吐蕃特类型极其相似。内部两根木桩呈平行直立状态，并同时支撑顶部横梁，使外形大致呈"T"字形。②费尔伯格最初的调查地点位于伊朗的鲁尔斯坦（Luristan），正是以此为契机开始了他对黑帐篷的研究。

（4）高卢（The Ghilzai）类型

居住在阿富汗坎大哈（Kandahar）至喀布尔（Kabul）地区的高卢游牧民族的黑帐篷通常由黑山羊毛织成，在木杆的支撑下，篷布纵向放置在3排木杆上。喀布尔附近和戈尔班德（Ghorband）山谷的吉尔扎伊帐篷有3排木杆，每排4根。③有时将一根绳索纵向放置在屋顶布的下方，并固定在外绳上，或者可以将其本身用作两端的固定件。④纵向安置篷布上的绳索固定后，可以加强帐篷的稳定性。据笔者调查，此类部件在青海省河南蒙古族自治县宁木特镇卫拉村的黑帐篷中也较为常见，在当地方言中将其称为"热诺吉"（ར་གནོན་སྐྱད། ra gnon skyad）。

① Philip Drew.Tensile Architecture[M].New York:Westview Press, Inc,1979:75-76.

② Carl Gunnar Feilberg.La Tente Noire:Contribution Ethnographique a l'Histoire Culturelle Des Nomades[M].Copenhagen:Impr. par B. Lunos Bogt,1944:86-88.

③ Klaus Ferdinand，'Les Nomades'，in Johannes P.C.N.Humburn （Ed.），La Geographie de l'Afghanistan.Copenhagen，1959，p.283.

④ Philip Drew.Tensile Architecture[M].New York:Westview Press, Inc,1979:72-73.

（5）台玛尼（The Taimanni）类型

大部分台玛尼帐篷外形呈矩形，其框架由固定在地面上的木桩组成，这些木桩以规则的间隔围绕 6.1~6.7 米长、3~33.6 米宽的矩形平面布置。长边有 7~8 根木桩，短边木桩数量较少。[1]帐篷周围的木桩都向内倾斜，并用绳子固定。由于此地降雨较少，无须设置防雨的覆盖物。内部简单地设有覆盖地面的毡垫，烟气则可通过天窗逸出。[2]在青藏高原东部的若尔盖，牧民春季使用的黑帐篷与矩形台玛尼帐篷在外形上极为相似。除矩形外，还有部分台玛尼帐篷与蒙古包外形相似，多用草席覆盖。

2. 吐蕃特地区

吐蕃特黑帐篷大体呈盒状，与阿富汗高卢（Qashqai）地区的夏季帐篷类似。帐篷顶部的缝隙既可以透光也可以排烟，被烟雾熏过的帐篷防水性大大增强。侧绳是藏式黑帐篷的一大特征，它们被缝在篷布中，并在外侧受木杆的支撑，从外形上来看，藏式黑帐篷像是一只巨大的蜘蛛，它们的平均尺寸在 10~12 英尺长，规模较大的家庭的帐篷可能达 15~30 英尺长，整体形状呈方形、矩形、六角形等。[3]据说，阔阔淖尔（Kou Kou Nor，mtso sngon po）附近的藏族人、蒙古族人都常住黑帐篷。帐篷整体是一块黑色的粗牦牛毛毡，用环和钉子固定在地上。在几乎水平的屋顶上有一个半米长、三分之一米宽的烟洞，它可以在晚上和下雨时关闭，壁炉就放在这个洞的正下方。[4]

过去国际上对吐蕃特类型的相关描述和研究较少，这主要是这一地区在近现代对西方学者相对封闭之故。下文我们在田野调查中获得的相关知识基础上，结合藏汉文献，对藏式黑帐篷做一简要概括。

---

① Klaus Ferdinand, The Baluchistan Barrel-vaulted Tent: Supplementary Material from Iranian Baluchistan and Sis — tan, Folk, 2 1960, pp.434.

② Philip Drew, Tensile Architecture, Westview Press, Inc, 1979, 203.

③ Torvald Faegre.Tents: Architecture of the Nomads [M].New York:Doubleday, 1979 :57-59.

④ Nikola·Mikhalovich·Prschewalski. Reisen in der Mongolei .Hessen:costenoble.1881:339.

图 12　中布拉灰岭（CentralBrahuiRange）
北部俾路支人的桶形拱顶黑帐篷①

图 13　兴都库什山（Hindu Kush
Mountains）地区的台玛尼夏季帐篷②

图 14　兴都库什山（Hindu Kush
Mountains）地区的台玛尼矩形帐篷③

图 15　黄河上游地区格尔登矩形
帐篷（笔者　摄）

## 四、吐蕃特拂庐黑帐篷

（一）拂庐及其基本特征

拂庐黑帐篷，藏语书面语通称"札那（སྲ་ནག sbra nag）"，中古汉文文

① GABRIEL Bonvalot.De Paris Au Tonkin À Travers Le Tibet Inconnu[M].Cassell,1891:231.

② Louis Dupree.Afghanistan[M].princeton:princeton University press, 2014:173.

③ Louis Dupree.Afghanistan[M].princeton:princeton University press, 2014:171.

图 16　黄河上游皇城地区裕固族传统拂庐
（孔海霞、措姆　摄）

图 17　澜沧江上游地区的传统拂庐
（义西·猛德　摄）

图 18　长江源地区的传统拂庐
（义西·猛德　摄）

图 19　黄河上游的格尔登新婚拂庐
（笔者　摄）

献中将其记为"拂庐"。劳弗尔（Berthold Laufer）在《吐蕃的鸟卜：敦煌伯希和 3530 号写卷注释兼论九世纪的藏语语音》及《藏语中的借来词》（Loan-words in Tibetan）等中指出，"拂庐"一词即为"sbra"，根据汉藏对音规律和汉字译音习惯，"fu lu"与"bu ru"相对应，"ba"来自辅音组合（即上缀辅音与主辅音）"sba"，"ru"来自藏语下加成分"ra"。因方言不同，拂庐的变音也不尽相同，如笔我们调查的阿坝若尔盖县麦溪乡、甘南夏河县阿木去乎镇以及玉树甘达村将 sbra 读作"wa"（取自主辅音"ba"），黄南州尖扎滩乡、泽库县、河南县宁木特镇将 sbra 读作"ra"（来自下加辅音"ra"）。在卫藏巴松湖一带有将 sbra 将 sbra 读作"sa"的（显然来自上加辅音"sa"）。

埃克瓦尔（Robert B·Ekvall）在 80 余年前对安多游牧区拂庐的制作、形状、结构、搬运、更新等如是描述："有别于蒙古族部落的圆形顶毡帐以及一些定居民的锥形营地帐篷，东北藏地真正的游牧部落的帐房是低的、矩形的，由黑牦牛毛织成的粗褐做成。帐篷顶部有轻微的倾斜，帐篷的"墙"体像窗帘一样挂在顶部边缘。作为一个精巧的有独创性的系统，外面的帐杆高于整个帐篷，系于其上的绳子延展开来，帐篷或多或少从顶部和四角挂起，帐篷最中间只有两根柱杆，每一顶帐篷都有从前厅延伸到后面的两英尺长的烟道。一般的帐篷可由一头牦牛来驮，而帐杆需要另外一头。但如果帐篷被雨淋湿，一顶帐篷则需要两头牦牛来驮。一顶宗好的帐篷价格不菲，作为移动的居所，其价值不低于居民的普通固定房屋。年复一年，它都不断更新，两条带状的帐篷布约有一英尺宽，在烟道内侧缝合起来，从中间土灶中冒出的烟对篷布起到一定防水作用。帐篷外的帐杆与帐间的绳子从顶部到边缘被重新排列，可以使帐篷的顶部开向外侧。帐篷边缘被钉在地面的部分显得很旧并被磨损，而顶部中央却还是新的。"①

据我们调查和研究，格尔登拂庐的帐身通常呈矩形或六角形，外表形似"乌龟"或"蜘蛛"。拂庐主要由"泽巴"（ཚིད་པ། tsid pa，即牦牛粗毛）编织而成，主要步骤为：摘牛毛（牛绒）、梳理牛毛、拍打牛毛、拧成牛绳、捻成毛线、绕线、编织等。拂庐的帐身由众多条"热"缝合而成，由此组成两块尺寸较大的篷布，并用"卡察"（ཁ་ཚབ། kha tshab 白色羊毛织成的天窗幕布）将双方拼接，用木杆撑起后，帐体呈对称状，顶部具有一定坡度。关于上文中艾克瓦尔所提及的拂庐更新，笔者以若尔盖格尔登部落的真实情况为例，对拂庐中的"热"以及更新方式做一描述：

---

①罗伯特·埃克瓦尔：《戎哇与卓巴：甘肃汉藏边界的藏人定居者与游牧民》，宗喀·漾正冈布，刘铁程译注，《中国民族学》第 1 辑，甘肃民族出版社 2009 年版，第 104 页。

格尔登部落，每年都会更新拂庐顶端的"热"，按照常规来讲，拂庐是一个具有固定"年轮"的房屋，以"卡察"为中心线（或对称轴），从顶端到底部，每条"热"的"年龄"都以 1 年为单位呈等额递增的规律。当地人将拂庐的帐身分为 3 个层次，由上到下分别为"类巴"（ཀླད་པ། klad pa）、"卡"（མཁའ། mkhav）、"曲达"（མཆུ་རྡལ། mchu rdal）（部分拂庐会多出数条"沙夏"）。通常情况下，根据格尔登部落的传统编织技艺，标准拂庐的左右两侧由 17 条"热"组成（"类巴"为 8 条、"卡"为 4 条、"曲达"为 5 条），后侧由 5条"热"组成，"日优"（རས་ཡོར། ras yor）为白色前门外帘，"古益"（སྒོ་ཡེལ། sgo yel）为前门羊毛内帘。近几年来，新婚拂庐的"沙夏"（སྲག་ཤར། srag shar 白色帆布）大多代替最下层的 3 条"曲达"，白色帆布的出现使得"热"的用料明显减少。

（二）拂庐的分布与分类

区域亚型的精细区分表明进化相当漫长。分布有限的元素通常分为两个主要类别，一个代表北非、阿拉伯地区，另一个代表伊朗和吐蕃特等地区。两者沿美索不达米亚平原（The plains of Mesopotamia）和伊朗的边界连续。[①]受地理环境影响，喜马拉雅山脉将藏式拂庐与伊朗－阿富汗地区的黑帐篷在地理空间上隔开，拂庐处在黑帐篷群的东部边缘，费尔伯格对黑帐篷分布界线做出了如下阐释："广义上讲，决定黑帐篷分布界线的是自然地理因素。但是，如果我们详细研究这些界线，我们一次又一次地发现，这种分布的决定性因素是帐篷与某些民族的依附关系，起到决定性作用的是文化历史。"[②]

结合上述观点，对拂庐的分布边界起着决定作用的更多是文化因素。基于费尔伯格、费德勒等人的研究，安其拉·曼德斯谢尔德

① Philip Drew.Tensile Architecture[M].New York:Westview Press, Inc,1979:41.

② Carl Gunnar Feilberg.La Tente Noire:Contribution Ethnographique a l'Histoire Culturelle Des Nomades[M].Copenhagen:Impr. par B. Lunos Bogt,1944:131.

（Angela·Manderscheid）认为：拂庐分布的东部边界位于今阿坝藏族羌族自治州若尔盖县（北纬32°56′至34°19′，东经102°08′至103°39′）内部或松潘县（北纬32°06′至33°09′，东经102°38′至104°15′）西北部，大致在东经104°附近，此区域位于青藏高原东缘。[①]如若拂庐真实的东部边界位于曼德斯谢尔德所猜测的区域，根据费尔伯格提出的观点，该区域的族群以及所对应的生计方式大致应属于从传统牧业区逐渐向半农半牧区的过渡地带，而藏地东部类似于若尔盖或松潘西北的过渡地带十分普遍，因此，我们认为，曼德斯谢尔德提出的东部边界地带仅仅是东部边界线中的一个地点。拂庐根植于游牧文化，其创造主体为"卓巴"（ འབྲོག་པ drok pa，牧民。"drok"意为开阔的地域，没有森林和不陡峭的大草原）[②]。拂庐与卓巴为共生关系，随着牧业向其他生计经营方式的转变，拂庐分布的边界开始发生变动。拂庐可在半农半牧区跨界分布，可调适并具备一定弹性。关于拂庐在整个吐蕃特游牧地区的分布，至今无人做出系统界定，我们认为，拂庐的分布应建立在"卓巴"目前生存范围的基础上进行讨论。

安布罗斯（Ambrosch）将藏式黑帐篷（即拂庐）分为三种类型：第一种类型的大多数支撑木杆都布置在帐篷本身外面，且高于山脊。绳索首先是上升的，后经过木杆的固定转向地面，外观很大，像一只蜘蛛趴在地上，其腿是绳子。帐篷的横梁由两根柱子撑起，在顶点处可以找到一个开口，火的烟气可以在那里排出；第二种类型被看作是第一种的变体类型，在外观上几乎是穹顶状的，绳索不使用高木杆而是直接固定在地面上，而在帐篷周围则放有低石圈；

---

① Angela Manderscheid.The Black Tent in Its Easternmost Distribution: The Case of the Tibetan Plateau[J].Mountain Research and Development,2000:155.
②关于埃克瓦尔对"卓巴"与拂庐的描述，详见罗伯特·埃克瓦尔：《戎哇与卓巴：甘肃汉藏边界的藏人定居者与游牧民》，宗喀·漾正冈布，刘铁程译注，《中国民族学》第1辑，甘肃民族出版社2009年版，第100页。

第三种类型的外观与第一种相似，但在其设计中采用了低矮的石墙。①安布罗斯的分类虽具有一定合理性，但仍然不够完善，据我们在四川阿坝州、青海黄南州等地的实地调研，依据季节时令、篷布材质、外在形状等都可对拂庐的种类进行划分，而不仅仅局限于安布罗斯所提到的外在形状和是否具备外围矮墙。以阿坝藏族羌族自治州若尔盖县格尔登部落（kirti）的拂庐（当地称为"哇"）为例，按照季节、材质、形状，拂庐主要有"莱纳"（ཀླད་ནག klad nag，字面意为"黑颅"，帐身为帆布、顶部为牛毛布的拂庐）、"林偕"（གླིང་བཞི gling bzhi，意为"四方"，方形拂庐）、"热古尔达嘎玛"（རས་གུར་རྟ་སྒ་མ ras gur rta sga ma，意为"马鞍布帐"，马鞍形小拂庐）、"札勒布"（སྦར་ལེབ sbar leb 意为"扁平"，扁平拂庐）、"嘉尔哇夏纳"（རྒྱར་བའི་སྒ་ནག rgyar bavi sga nag，意为"马鞍形黑帐"）、"札"（སྦྲ sbra，夏季拂庐）② 等种类。由此说明，拂庐只具有三个类型实属不够完备。

目前，费尔伯格将吐蕃特拂庐归为东部—波斯类型中，费格勒将吐蕃特拂庐归入伊朗－阿富汗类型中，从地理角度讲，吐蕃特地区位于黑帐篷分布带的东端，以地理方位为分类依据也较为合理，但"波斯类型"这一概括实属片面；德鲁建议将吐蕃特拂庐列为单独的第三个类型，这表明黑帐篷的分类趋于精细化。我们认为，将拂庐列入"东部类型"或"波斯－吐蕃特类型"中较为合理，而非归入到"波斯或伊朗－阿富汗"类型中。首先，从地理上讲，拂庐与其他基本保持连续状态的黑帐篷不同的是，由于喜马拉雅山的阻挡，吐蕃拂庐呈孤立的发展状态；从原材料上讲，其他类型的黑帐篷基本以山羊毛、骆驼毛等

①关于藏式黑帐篷的类型划分，详见 Ambrosch, K（. 2005）.KaraHane–Schwarzzelte als temporbre mobile Behausungen für Archiologen in trockenen heiβ en Regionen.Wien：Publizierte Diplomarbeit，Tu Wien，IVA-ICRA Verlag,79–81.

②宗喀·漾正冈布，杜礼杨，梁宇舒：《藏地拂庐的形制与建造——以格尔登拂庐为中心的调查》，《建筑学报》2022 年第 10 期，106 页。

图20　21世纪初长江源地区的拂庐营地
（才札　摄）

图21　2017年夏季青海玉树州
甘达村山谷中的黑帐篷（"巴"）
营地（阿克卓巴　摄）

图22—23　青海玉树商界领袖于2021年
建造长100余米、宽约20米、高达12米，
据称可容纳3000人的超大拂庐（笔者　摄）

图24　青海玉树拂庐的天窗
（笔者　摄）

图25　黄河上游青海尖扎滩地区的传
统拂庐（"热"）（笔者　摄）

图26　黄河上游青海宁木特地区的
传统拂庐（"热"）（笔者　摄）

图 27　青海都兰地区传统拂庐内部（张纪元　摄）

为主，而拂庐几乎是唯一以牛毛为主要原料的类型（极少数以山羊毛为主），这也得益于吐蕃特地区独有的物种—牦牛（ གཡག gyag），它不仅作为拂庐原料的"提供者"，也作为拂庐的"运输者"，这些都是吐蕃特拂庐区别于其他类型的独到之处。在形制特征上，拂庐虽与西部类型差异较大，但与以伊朗为中心的区域内的黑帐篷存在诸多相似，如牧民习惯利用缝制于篷布上毛绳与木杆产生的拉伸力来支撑帐篷而非使用拉力绷带（拉力绷带在北非、阿拉伯等地的黑帐篷中较为常见），习惯在帐篷天窗处设置木棍和绳环组成的纽扣、搭建的矩形帐篷较为常见等。因此，鉴于拂庐的独特性及与其他东部类型间的相似性，我们认为，可将拂庐归入"波斯－吐蕃特"类型中，而非属于"波斯类型"或"伊朗－阿富汗"类型。

　　虽然费尔伯格、费格勒、德鲁等人对黑帐篷的研究具有开创性，但在民族志书写中，独特的阿拉伯文字、库尔德文字、藏文及文献等尚未被应用于黑帐篷文化的阐释中，致使文化的原真性无法充分体现。近些年来，游牧黑帐篷是兰州大学藏缅－阿尔泰研究所重点关注并取得瞩目成就的研究内容之一，课题组自 1980 年至今对我国西藏自治区昌都市、阿里普地区普兰县；四川省阿坝藏族羌族自治州若尔盖县、松潘县；青海省玉树藏族自治州、果洛藏族自治州、海南藏族自治州同德县，黄南藏族自治州州尖扎县、泽库县、河南县；甘肃省甘南藏族自治裕固族州夏河县、玛曲县、碌曲县、张掖市肃南县；云南省迪庆藏族自治州州德钦县；甚至喜马拉雅山西缘拉达克，巴尔特和中东以色列、约旦等地均进行过开拓性研究和卓越田野工作，研究议题涉及形制与建造、构件与词汇、家庭与遗产、空间与传承等，并在《建筑学报》《中外建筑》等建筑学类顶级和一流期刊发表相关成果。[①]我们以青海黄南州宁木特乡卫拉村的拂庐藏文词汇为例，旨在对民族志在传统文化的书写和表达形式上做一范式创新：

ཚབའི་ཐ་སྙད།

Rtsa bavi tha snyad

The primary Terms

### 表 2　拂庐构成部件的通用词汇表[②]

| བོད་ཡིག<br>Tibetan<br>藏文 | བོད་ཡིག་ལ་ཏིན་གཟུགས་འགྱུར<br>Transliteration<br>藏文拉丁转写 | དབྱིན་ཇིའི་སྐད<br>English<br>英文 | རྒྱ་ཡིག<br>Chinese<br>汉文 |
|---|---|---|---|
| སྒོ་ཆོན | sgo chon | High front rope | 前绳（高） |
| སྒོ་འགྱོག | sgo vgyog | Low front rope | 前绳（低） |
| སྒོ་ཆོན་ཀ་ར | sgo chon ka ra | The rear front pillar | 前柱（靠后） |
| སྒོ་འགྱོག་ཀ་ར | sgo vgyog ka ra | Front pillar at the front | 前柱（靠前） |
| སུམ་རག | sum rag | A "triangle" outer rope structure | 前绳与帐篷前端的连接部分，属呈"三角形"的外绳结构 |
| གྲི་སྒ | gri sga | Long outer corner post | 外部角柱（长） |
| གྲི་ཆོན | gri chon | Long outer corner rope | 外部角绳（长） |

---

①宗喀·漾正冈布，杜礼杨，梁宇舒：《藏地拂庐的形制与建造——以格尔登拂庐为中心的调查》，《建筑学报》2022 年第 10 期，第 105 页。

②此表格式参考于《青海藏毯志》宗喀教授等撰"藏毯词汇"一节，藏文词汇由卓尕才吉、李尕也、杜礼杨等人于 2020 年 9 月 6 日在青海省黄南藏族自治州河南蒙古族自治县宁木特镇卫拉村村民扎西昂德家的秋季牧场上收集。

| ཁ་སྒ | kha sga | Long outer jamb | 外部侧柱（长） |
|---|---|---|---|
| ཁ་ཆོན | kha chon | Long outer side rope | 外部侧绳（长） |
| ས་ཐིག | sa thig | Medium-length outer side rope | 外部侧绳（中） |
| གྲི་གདག | gri gdag | Short outer corner rope | 外部角绳（短） |
| གྲི་བུར | gri bur | Short outer corner post | 外部角柱（短） |
| གྲུ་གར | gru gar | Medium-length exterior corner posts | 外部角柱（中） |
| ཧུབ་ར | haub ra | Short front pillar | 前柱（短） |
| ངོ་ཐིག | ngo thig | Long outer side rope | 外部侧绳（长） |
| ཧུག་ཆོན | haug chon | Long back rope | 后绳（长） |
| ཧུག་ཆོན་ཀ་ར | haug chon ka ra | Long rear pillar | 后柱（长） |
| ཧུག་ཆོན་ཧུབ་ར | haug chon haub ra | Short rear pillar | 后柱（短） |
| སུམ་རག་གར་ཤིང | sum rag gar shing | Medium-length rear column | 后柱（中） |
| ཁབ་ཐིག | khab thig | Medium-length outer side rope | 外部侧绳（中） |
| ར་གནོན་སྐྱད | ra gnon skyad | External side rope for fixing skylight curtain | 外部侧绳（连接天窗纽扣与底部短木桩，用于固定天窗幕布） |
| ཁ་ཚུབ | kha tshub | Skylight curtain | 天窗幕布 |
| ཟོང་བ | zong ba | A short rope structure spanning on the top beam | 天窗处跨于顶梁的横向平行分布的短绳结构 |
| ཁ་བིས་ཁ་ནག་ག | kha khis kha nag ga | The bovine joint bone between the top beam column and the beam | 顶梁柱与横梁间的牛关节骨 |
| གར་ལྟ | gar lta | A short wooden pole tied to a top rope for opening a skylight curtain to allow light and smoke to pass through | 用于将天窗幕布拨开缝隙来透光散烟的绑于顶绳的短木杆 |
| ནང་སྒ་ཡང་ན་གྲུ་སྒ | nang sga ynga na gru sga | Inner corner pillar | 内部角柱 |
| གྱེན་རྩོང | gyen rtsong | Top beam column | 顶梁柱 |
| བཞི་སྐོར | bzhi skor | Bottom rope | 内部底边绳 |
| གདུང་མ | gdung ma | Beam | 横梁 |
| ར་སྤུག | ra spug | A wooden pole used to clear snow or rain from a tent | 清理帐篷上积雪（水）的木杆 |
| སུམ་ཐབ | sum thab | A kitchen stove | 炉灶 |
| བོང་ཁ | bong kha | Furnace trough | 炉槽 |
| བསང་གྲི | bsang gri | A platform for burn aromatic plant | 煨桑台 |

# 五、结　语

欧亚大陆（包括非洲北部）在文化和技术上自古以来是个整体。其共享文化，在种植业、畜牧业、技术、语言、医学等方面享有非常多的共性。[1]欧亚大陆（包括非洲北部）内部文化的共享性与全球史学所倡导的"社会空间"[2]这一视角不谋而合。费尔伯格以鲁尔斯坦为出发点，在充分考虑各种物理属性、人文因素、地理区划等因素后，提出了横跨吐蕃特、中亚、西亚、北非并基本连续的"黑帐篷群"（Tent Group），以黑帐篷为中心的文化实践在突破国界、种族、信仰的情况下，依然保持着长距离上的广泛同一性，如原料（黑山羊毛、骆驼毛、牦牛毛等深色牲畜毛发）选定、编织工艺（一般都遵循剪毛、捻线、编织、拼合等）、内部格局（遵循男女有别的区划）等，当然，这些同一性基于相似的生计方式，即以荒漠、草原等为主的自然环境内衍生出的一种跨越物种间"达成"的人畜共生的生存方式。

费尔伯格、费格勒、德鲁等人将游牧帐篷置于全球视野中进行划分，为"欧亚内部存在文化的诸多共性"这一观点提供了很好的例证。城市的兴建、石油工厂的开发、生态移民工程等制度性、社会性的现实因素让牧民生计方式变得多样态，导致黑帐篷群分布范围逐步缩小，最终存留于"黑帐篷分布图"上的可能仅剩深居高原腹地、环境闭塞、交通滞后的地区。正因此类地区生计方式未发生实质变化，未经受大量现代物资的冲击，其传统文化体系未受到外部侵蚀而解体之故。

后现代生活方式借助现代交通和通信革命之力普及世界每个角落的当下，

---

[1] 详见宗喀·漾正冈布：《全球文化视野中的欧亚腹地与吐蕃特文化》，《中国民族学》2009 年第 2 期，第 178—179 页。

[2] "社会空间"强调人类文明的共性，文化的叙事单元在空间、时间上都应覆盖更广的维度。

拂庐黑帐篷作为已传承了数千年的文化遗产面临延续的问题。像传统土木或砖石建筑一样，或许拂庐黑帐篷通过拓展部分使用功能和革新制作工艺，仍有被传承下去的可能。

2023 年 6 月 2 日星期五完稿，2023 年 6 月 6 日星期二改定

# 雪中天骄——牦牛

诺布旺丹

## 牦牛家族写真

六月的青藏高原，春意盎然，一片生机勃勃。步履所及之地，豁然开朗，心情也随之活泼。由于特殊地形使然，青藏高原遍布起伏不大的山峦，在开阔的视野处，朵朵白云压在苍茫的山峦上，绿白交映，鲜明爽目。无论是平地草原，还是高原草地，青藏高原上那种我国北方民歌中描绘的"天苍苍，野茫茫，风吹草低见牛羊"的景色都随处可见，举目遥望有着"天高云淡，往东南飞雁"的绝佳美景，使人心旷神怡。

夏季是草原的黄金季节。肥美的牧草蓬勃滋生，浓绿得醉人。镶嵌其中的犹如繁星点点的野花竞相开放。天边偶尔呼啸而过的兀鹫为坦荡的草原平添了一份情致。此外，誉有"高原之舟"的牦牛随处可见。它们在高原上一代一代繁衍生息，逍遥驰骋，已成为一道亮丽的风景线。

牦牛是世界上十分宝贵和稀有的一种畜种，我国是世界上拥有牦牛数量最多的国家，约有 1400 万头，占世界牦牛总数的 90% 以上。

牦牛体形较大，全身披着长而丰厚的毛，粗毛间有细而短的绒毛。在额顶、肩部、胸腹侧和小腿部有粗硬且富有光泽的发毛，蓬松下垂，同尾毛一起可同衣裙一样围绕全身。这种毛皮结构中间有空气有利于保温，加上牦牛的皮下脂肪厚，汗腺不发达，散热能力低。因此在气温低达零下 30 ~ 40 摄氏度的隆冬季节也能安全过冬。牦牛的毛多数是棕黑色，也有一部分黑白相间，形成许多怪异的几何图形。

牦牛对低温缺氧的环境适应力很强，具有耐高寒，喜湿润的特点。它胸部宽大，心肺发达，气管软骨环间的距离大，能进行频速呼吸，血液中载氧工具——血红蛋白含量高，红细胞数量多，能在空气稀薄的高海拔地区正常活动。

牦牛肌肉紧凑，身长腿短，筋骨结实，体侧腹部和四肢的披毛柔软厚密，眼圆有神。牦牛平均体重 700 斤左右，它运步轻快有力，能走崎岖小路，也能跳雪履冰。不做种牛的公牦牛多作驮牛，用于驮运挽车、耕地、乘骑等。驮牛于四岁调教，六岁开始长途运输。一般每只驮牛负重 50 ~ 100 公斤，夜宿

日行，边行边牧，每日行走 20 ～ 35 公里。牦牛用作骑乘可连续行走 15 天以上。牦牛不但识途，且任劳耐苦，能忍饥渴。高原地区广大农牧民的生产生活用品主要依赖于牦牛的运输，牦牛因而享有"高原之舟"的美称。

牦牛季节性发情，一般在 6 月中、下旬开始发情，7—8 月份为盛期，个别可延至年底。每年 4—7 月份产犊，4—5 月份为盛期，个别可延至 10 月份产犊。妊娠期为 256 天。

### 野牛——牦牛的祖先

野牛是在动物家族中与牦牛最亲近的一种野生动物，有牦牛祖先之称，相传牦牛是从野牛驯化而来。

野牛体型似家牦牛，但要大得多，肩部也特别高耸。体长 200 ～ 280 厘米，肩高 160 ～ 180 厘米，体重在 500 千克以上。雌雄均具角，四肢粗短，蹄大而圆，蹄甲尖小，但特别坚硬。头和躯体背面的毛短而光滑，颈、腹、体侧及尾部均具长毛，腹毛可长达 70 厘米。除鼻吻部周围有少许白毛以外，全身是暗褐黑色。它生性桀骜不驯，是当之无愧的大力士，在无人区少有对手。它两只粗大的犄角是势不可挡的锐利武器，若遇到危险，健壮公牛便把牛犊护围在中间，将头朝外低下，用犄角攻击敌人。

野牦牛常生活于海拔 3000 ~ 6000 米的高原地带。冬季到较低的地方，夏季又回到高山地带。集群生活，数十头一群，有时甚至达几百头，晨昏活动。野牦牛因为叫声似猪，所以在产地又被称为"猪声牛"，藏语中称为"吉雅克"。野牦牛的消化器官比黄牛粗大，牙齿质地坚硬，鼻镜小，嘴唇薄，采食能力很强。主要在夜间和清晨出来觅食，食物以针茅、苔草、莎草、蒿草等高山寒漠植物为主，白天则进入荒山的峭壁上，站立反刍，或者躺卧休息。野牦牛的嗅觉十分敏锐，有危险时，雄的必首当其冲，护卫群体，而将幼仔安置在群体中间。一旦大敌接近，野牦牛会头向下、尾朝空，马上狂奔乱跑，一下子消失得无影无踪。

每年的七八月份是野牦牛的发情期，交配依然遵循动物世界的游戏规则，公牛之间的角逐常常血肉飞溅。雌野牦牛的孕期为 8 ~ 9 个月，翌年 6—7 月份产仔，每胎产 1 仔。幼仔出生后半个月便可以随群体活动，第二年夏季断奶，3 岁时达到性成熟。寿命为 23 ~ 25 年。公野牦牛是草原上的"情种"，它们偶尔也窜到有人的区域，混进牧民的家牦牛群中，把母牦牛骗出来。在青藏高原，藏民常丢失家养的牦牛。当猎人追赶野牦牛群时，有时会碰到一两头牛不逃跑的，近前一看，原来是走失的家牦牛。这些牦牛大多是母牦牛，是被野公牛"拐带私奔"的。如果发现家养的母牦牛已经怀孕，牧民们会欢天喜地地把母牦牛迎回家，因为和野牦牛杂交生下的牦牛体力好、驮物多、耐疲劳，所以，母牦牛和野公牛私奔还是件大喜事呢！

据藏文文献记载，勤劳勇敢的高原居民，早在新石器时代的晚期就开始驯育、驯化野牦牛，使之服役于人类。

野牦牛的家畜化是青藏高原社会历史发展的一个里程碑。它使远古的狩猎逐渐过渡到了农牧业。在目前西藏的考古发现中，代表新石器时代文化的"藏西北文化类型"，主要分布在藏北，青藏高原西部及雅鲁藏布江中上游，距今7500 年至 5000 年左右，其经济类型以狩猎业为主，高原人类并开始逐渐掌握了动物驯化技术。当时高原人类步入氏族社会，分成了"斯""穆""桐""东"

四个氏族，后又增加了"札""楚"两大系统，总共分为六大氏族。"穆"部落生活在藏北大草原，是记载最早驯化野生动物的部落。它们在驯化马匹的同时驯化了部分野牦牛为家养牦牛，岩羊驯育为绵羊。他们发明了套马索，用牛奶喂孩子，提炼酥油等技术。在一则藏族民间传说中，把野牛驯化的过程反映得较为生动：第一位吐蕃君主聂赤赞普当政期间，有件事常给他带来烦恼，就是捕捉后的野牦牛不服管教，很难彻底驯化，常常用角将人顶死。他把驯服牦牛的任务交给了其大臣达盖负责。达盖领旨后，四处找人讨办法。一位老人建议他瞅准牦牛神经最敏感的两鼻孔间的软肉，用锐器打个洞，再用柏树枝做成牛鼻圈套进去绑结实，鼻圈上拴根牵引绳，牛就不得不乖乖跟着人走，达盖照此驯服野牦牛，果然灵验，从此在雪域西藏，野牦牛从真正意义上成为家牛。反映这一情况的内容在西藏的很多古岩画上出现。

## 藏族人物质世界中的牦牛

牦牛既是青藏高原的象征，又是藏族牧业的象征，同时也是西藏传统生活方式的象征。牦牛藏语称"诺尔"，意为"财富"或"宝贝"。藏族之所以称牦牛为"宝贝"，是由于牦牛为传统的藏族社会提供了人们生存的基本保障。它浑身是宝，每一宝都又无私奉献给人类！它的馈赠惠及高原人类的衣食住行。

**衣**

牛毛捻成的绳子富有弹力，结实耐用，做成的帐篷御寒力很强。牦牛尾巴制成的"毛掸"拂尘力强，特别是白色的尾巴更为珍贵，是传统的出口物品之一。

柔韧光滑的毛，与细羊毛合用，洗纺后可织高级呢料和氆氇。牧民们则靠手工捻成毛线，织成美观的毛毯、披风，缝制过冬的帐房和存放粮食的口袋，防寒隔潮，坚牢耐用。雨雪天出牧，披一件牦牛毛的风衣，滴水不浸，暖和舒适。毛尾脱脂后，染成红色，便是美丽适用的毛掸帚，藏胞家里必备。

皮子经过加工，红紫交辉，琳琅满目，除做藏家高靴，还能制作高级皮鞋，

不仅光泽度好，而且富于弹性，抗压力和耐腐蚀性足与任何皮革媲美，颇受城市顾客欢迎。

**食**

奶，是牦牛的第一贡献。母牦牛可日产奶三至四斤，为当地黄牛的三倍。奶汁浓稠，极富营养。牧民每天都要喝奶，把奶熬开饮用或制作成酸奶吃，还要从奶里提炼出酥油和奶渣。牦牛奶含脂量高，一百斤奶可提炼十斤左右黄澄澄的贵重酥油。特别是牧民，一般很少吃菜和水果，日常的热量除肉外，顿顿都要以酥油茶当汤，奶渣当菜，喝茶便靠酥油了。不仅喝茶离不开酥油，还要用酥油点灯照明、炸油果子和糌粑也用酥油配着吃，酥油还是敬奉神灵的供品，馈赠亲友的礼物。

牦牛肉含蛋白质高，鲜嫩美味，冬天食用尤为滋补。腿肉丰厚呈圆形，俗称"和尚头"；脊肉细腻精纯，是上等佳品。寒冬的夜晚，就着小火炉炖吃一碗牦牛肉，整宿都暖烘烘的。如果加工成营养肉干，不但清香可口，出门携带

方便，是行路人的理想食品。冬宰后，家家户户把肉堆放在库房或悬挂屋内，以备长期食用。家人欲食或有来客，于是就取只牛腿，席地而坐，抽出随身带的腰刀，旋一片，吃一片，粘点辣椒面，生食之，十分惬意。有时连骨带肉剁成大块，放盐少许，不放其他佐料，浸煮片刻拿着吃，名谓"手抓"。食生肉的习惯在世界其他民族中也并不罕见，但在这梵天净的环境中生产的绿色肉食则更胜一筹。它鲜嫩可口，营养保持完好。许多人每天都离不开肉，特别是牧区的居民，两三天没肉吃，就会"馋涎欲滴"了。

现在牦牛肉制品逐渐走向世界，深受国际友人欢迎，港澳市场把牦牛肉誉为"肉牛之冠"。

住

草原上一顶顶黑色的帐篷质地坚硬，冬暖夏凉，支卸、运输方便，它是牧民用牦牛毛织成的。西藏极缺燃料，牛粪饼是乡村牧区的主要燃料，其状若硕大的烧饼，贴在院墙或草坝上晒干后燃烧，赛过煤块。看来，西藏的水能、太阳能和风能充分开发之前，牛粪饼还会存在下去。

行

牦牛是牧民驮货运物、乘骑的主要工具。牧民一年四季搬迁几次草场，靠它驮送全部家产，在农区承担着拉犁，驮运青稞，运输肥料，藏胞盖房的木料、石头，盐粮交换，猎获的野味，都靠它运送。任道路怎么陡峭，工作怎么繁重，它总是昂举坚蹄，稳步自如，默默地留下一行行深深的脚印，让高原的生命线畅达无阻。牦牛的心肺功能很强，驮上一百多斤物资，还能一气爬上海拔6000米的高峰。那里空气稀薄，人是很难适应的，而它却无需为缺氧发愁，也不必为血压和心脏担忧。我国登山队员攀登珠穆朗玛峰时，牦牛是得力的助

手，衣食用品、住的帐篷、摄影器械，一件件、一包包无不往它背上架，是牦牛把他们一节一节地往世界屋脊托举。在五星红旗插上珠峰之巅的英雄业绩里，有它们的汗水凝结，牦牛是默默无闻的功臣。无怪乎，人们称道牦牛是"高原之舟"，它是当之无愧的。

牛羊皮筏（船）是西藏普遍可见的水上工具。高原河流众多，地形复杂，河床中沉积巨石，河水十分湍急。藏族人发明了一种适应这种环境的船只，就是牛皮船。牛皮船用坚韧木料做支骨，外面蒙上数只牛皮缝制而成的皮子，便成为船了。牛皮船小的坐 3~5 人，大的能坐 10 来人，一个船夫划船兼掌舵便可，牛皮筏下水，浸泡温软，不怕河中礁石撞击，皮船小巧，载重量轻，不管河道深浅，都可以划。

## 藏族人精神娱乐世界中的牦牛

自高原先民开始驯化野牛试图成为家牦牛时起，人与野牛的故事就开始了、牦牛文化也从此诞生了。随着人们生产生活的不断发展，与牦牛有关的形形色色的文化娱乐活动和宗教活动也随之而兴起。

### 赛牦牛

赛牦牛是一项藏族传统的体育娱乐活动，它有着悠久的历史。

相传在唐朝初年，松赞干布迎娶文成公主，迎亲、娶亲、送亲队伍到了玉树后，举行了隆重的欢迎仪式。其中有精彩的赛马、马球、射箭、摔跤活动，令久居深宫的文成公主及送亲的官员大开眼界。尤其是黑、白、花各色牦牛组成的赛牦牛活动，更让人们惊奇不已。文成公主等异常欣喜，忘却了背井离乡的忧愁，松赞干布便诏定以后每年赛马的同时举行赛牦牛这一富有情趣的活动。

赛牦牛活动在牧区和农区以不同的形式出现。

在牧区，赛牦牛一般由一个部落或地区发起，邀请邻近部落参加，也有闻讯后从百里之外赶来参加者，受到邀请的部落立即准备，选派优良的牦牛和骑手，由长者召集人员研究对策，比赛选拔，驯养调教赛牛，以求在比赛中夺魁。

赛前，骑手将牦牛精心地洗刷打扮，并在长而弯曲的牛角上系各色彩绸，表示吉祥如意，夺魁在望。骑手头戴礼帽，身着藏袍，腰扎红带，足蹬皮靴，干净利落。他们多是十四五岁的少年，体轻灵巧，便于驭牛。

比赛分预赛、决赛。仲裁集合骑手点名，进行分组预赛，并从每组中选出优胜者参加决赛。决赛是大型比赛中的高潮，从预赛中选拔出参加决赛的骑手和牛都不能更换，否则无效或取消比赛资格。选手个个跃跃欲试，仲裁令发，霎时，众骑手蜂拥而出，驱牛疾驰。头头牦牛争先，个个骑手逞能，呼声阵阵，高潮迭起，有的牦牛在观众的呼声中失控，狂奔乱颠，但在骑手高超的驾驭下，乖乖就范。

决赛中获胜的选手，被热情的观众举起上抛，牦牛也披红戴花，备受青睐。优胜者奖以牛或马，以及茶、布匹等。参赛的选手都可获得纪念品，没有一个空手而归。

在农区，由经验丰富的牧民驾驭性情暴躁的牦牛进行赛跑，如今赛牦牛活动得到了很大的发展，参加人数增多，跑队长度增长为 2000 米，以时间来计算名次。这一天，村民们带着青稞酒，酥油茶和牛羊肉，穿上节日盛装，把牦牛打扮起来，兴高采烈地参加一年一度的赛牛比赛。开始以区为单位，参加的牦牛有五六十头。现在有些地方已经扩大到以村寨为单位，参加比赛的牦牛增加到 150 多头，取前十名。采用时间记分以后，比赛成绩有了很大提高，一般 2000 米赛跑所用时间为 8 分钟左右。

作者简介：

诺布旺丹，藏族，研究员，博士生导师。现为全国《格萨（斯）尔》工作领导小组办公室主任，中国社会科学院大学教授，长期从事藏族文化与史诗《格萨尔》的研究工作。并担任中国西藏传统文化保护协会理事，国家社科基金同行评议专家。入选 2022 年度青海省"昆仑英才·高端创新创业人才"杰出人才，并被聘为青海省人民政府 - 北京师范大学共建高原科学与可持续发展研究院"藏族非物质文化遗产研究团队"带头人，中国少数民族文学学会常务理事等职。

# 青藏文化的根

## ——牦牛文化漫谈之二

文扎

### 一、牦牛与青藏高原的形成

（一）牦牛与《斯巴宰牛歌》

对于生活在青藏高原的游牧人而言，我总是无端地觉得青藏高原是"牦牛"的化身，青藏高原是由"牦牛"演变而来。有一首《斯巴宰牛歌》，在藏族民间流传很广。这首古老的创世歌，表达了游牧人对于雪域高原的认识，表达了对"牦牛"的情怀，更道明了游牧文化的精魂。诗是问答形式的，具有鲜明的"鲁体"诗的特点：

斯巴宰杀小牛时，

砍下牛头放哪里？

我不知道问歌手；

斯巴宰杀小牛时，

割下牛尾放哪里？

我不知道问歌手？

斯巴宰杀小牛时，

剥下牛皮放哪里？

我不知道问歌手？

　　问得如此简单，好似一首童谣。只是其中的"斯巴"有些深奥，不论把它翻译成"世界""宇宙"，或者"天地"，对于儿童，确实过于深奥。它的回答，更是出乎意料。话题一下子提升到探讨"世界"真相的哲学高度。诗中有这样的回答：

斯巴宰杀小牛时，

砍下牛头放山上

所以山峰高耸耸；

斯巴宰杀小牛时，

割下牛尾放路上，

所以道路弯曲曲；

斯巴宰杀小牛时，

剥下牛皮铺大地，

所以大地平坦坦。

　　诗中想要表达的是青藏高原的形成过程，但是我深深地感受到，这语言背后有另一层更加深厚的情感表达。对游牧人而言，牦牛是游牧人的山川大地，是外部世界的源，也是生灵万物的母亲。在《斯巴宰牛歌》中还有关于动物形成的歌：

问：斯巴宰杀小牛时，

丢了一块鲜牛肉，

偷肉毛贼是哪个？

我不知道问歌手；

斯巴宰杀小牛时，

丢了一块白牛油，

偷油毛贼是哪个？

我不知道问歌手？

斯巴宰杀小牛时，

丢了一些红牛血，

偷血毛贼是哪个？

我不知道问歌手。


答：斯巴宰杀小牛时，

丢了一块鲜牛肉，

窃贼就是大公鸡，

不会偷窃顶头上；

斯巴宰杀小牛时，

丢了一块白牛油，

窃贼就是花喜鹊，

不会偷窃贴肚上；

斯巴宰杀小牛时，

丢了一些红牛血，

窃贼就是红嘴鸦，

不会偷窃粘嘴上。


　　如此一问一答的歌谣，从牦牛身上引申出来，几乎可以包揽世界的万物生灵。这是藏民族对于青藏高原及其生灵形成的最古老而朴素的回答。虽然表面看起来是一首童谣，念起来也朗朗上口，表达得也还很童稚，但是放在人类生命发展的漫长过程中稍做探究，就不难发现它试图要表达关于世界的起源和形成等重大的哲学问题。"斯巴宰杀小牛"这句话，从原文看，翻译上存在较大问题。"srid bai ba qung bxa dus"，说的是宰杀斯巴小牛，"斯巴小牛"是对于原初世界的意象性描述，并非"斯巴"宰杀了"小牛"，而另有一个创世神在宰杀小牛。是那位逍遥于歌谣之外的创世神，用"斯巴小牛"的身体开始布局青藏高原的山川大地和万物生灵。如此看来，牦牛先于青藏高原，是先有了牦牛，才出现了青藏高原。

而且是由牦牛演化成了青藏高原。这是藏民族最古老的世界观，非常明显，不仅没有受到佛教的影响，甚至找不到一点古老的苯教影子。

　　（二）牦牛与创世九座神山

　　东嘎仁波切在《东嘎辞海》中记载：按照苯教的说法，创世九座神山是青藏高原最初陆地形成时同时出现的守护青藏人民的神灵。其实也是青藏高原从古地中海最早露出的九座神奇的山峰。其中沃德贡加神山是其余八大创世神山的父亲。大儿子是雅拉香波神山，是青藏文明的摇篮；创世九座神山与千年的藏族历史有着不可分割的关系，而且几乎每座山里都有一头神奇的白牦牛。

　　创世九座神山之父雅拉香波神山与吐蕃第一位贤臣茹来杰故事中有白牦牛。创世九座雪山之二儿子念青唐古拉神山与莲花生大师之间，也发生过一些有趣的事情。佛教传入雪域高原，遇到了许多阻碍。从吐蕃赞普拉坨坨日念赞在雍布拉刚宫中秘密供养观世音像和《宝箧经》开始，佛法算是传入藏地。但是直到赤松德赞执政时期，佛教的传播也仍然遭到苯教势力的阻挠。从印度聘请的佛学大师寂护，即使有朝廷做后盾，也没有很好地建立和传播佛法的道场。之后根据寂护大师的提议，请来了密宗导师莲花生大师。莲花生大师以他无与伦比的神变，震慑了吐蕃朝廷中力挺苯教的势力，降服了雪域古老神灵。史书记载，当莲花生大师来到念青唐古拉神山附近，神山立刻化作一头巨大的白牦牛，脚踏康区的耶莫塘大平原，右手伸向拉堆寺，左手到达藏拉寺，降下冰雹，雷鸣电闪，化作一条白蛇挡住了去路，有驱赶大师的架势。

沃德贡加神山是创世九座神山中的父亲，据说与宗喀巴大师有过一段美丽的神话故事。宗喀巴大师在三十多岁时，已经有三千多名听他讲经的弟子。但是大师视荣耀和地位如风中扬糠，没有一丝贪念。于是，放下众智者蜂拥而至、众星捧月般的荣耀，带着八大清净弟子进山修行去了。当时，藏传佛教界对于中观理论的诠释和理解缺乏一致的认同，众说风云，出现了百家争鸣的现象，出现了众多教派。宗喀巴大师抛开喧嚣的经院哲学，向那创世之尊——沃德贡加神山走去，经过长时间的苦修和冥想，终于获得了开悟的大喜悦，写下了被广泛传颂的《缘起礼赞》。非常清晰地阐释了众多智者终生苦思冥想的空性理论。就在这段时间前后，沃德贡加山神对宗喀巴大师产生了崇高敬意，便拜宗喀巴大师为师，接受了居士戒，并发誓守护人师开创的显密圆融的佛理。

仲·秋吉更嘎仁青曾经去转创世九尊神山之一的嘎多觉悟神山。据说他通过神力亲见到嘎朵觉悟神山的真实面貌，并在其即兴撰写的嘎朵觉悟神山煨桑颂词《妙哉·请听我的祈祷》中提到嘎朵觉悟内在的隐秘状况："妙哉！请听我的祈祷……觉悟使出身之神变，花色铁鸟满天空，飞翔旋转团团转；觉悟使出语神变，斑纹猛虎满虚空，花斑美艳亮闪闪；当觉悟使出心神变，白色的野牦牛满大地，迅猛的吼声震山响。"祈祷词中提到嘎朵觉悟有时以白色的野牦牛形象出现在大地。色航寺大经堂门厅壁画里就有铁鸟和白牦牛等神兽，据说这是根据仲·秋吉更嘎仁青亲见嘎多觉悟神山真相时画的印象之作。神山周边的牧人说嘎朵觉悟神山的顶端觉悟佛殿有白野牦牛，虽然转山时很少亲见到它，但是去顶峰转山者讲，山顶发现了野牦牛粪，还将其当作圣物带回家，送给亲朋好友或熏烟驱邪，或视为圣物珍藏。

## 二、牦牛与青藏山水

（一）牦牛与长江

我在《问道三江源》里有专写长江源的篇幅，我在其中写过这样一段文字：

长江在藏语中被称为"治曲"。"治"有母牛之意，而"曲"是江河的称谓。这个名称直接与万里长江的源头有关系。

藏族人居住的地方是一片众多河流发源的地区，因而对于河流的源头及其命名自有其独特的文化和科学内涵。正如黄河源自一块湿地，从远处看好似孔雀开屏，所以当地人称黄河为"玛曲"，意即孔雀河；长江源是从一座形似母牛鼻孔的山丘中喷涌出来的，故称其为"治曲"，意思是母牛河；恒河是从形似大象的口中流出，因而称其为"郎亲卡帮"，即像泉河。还有马泉河、狮泉河等，都直接以某种动物命名河流源头，而且以藏族人喜爱的动物形象树立在那里，是千古文化为江河源树立的天然之碑！

当藏族人听到"终于解开了长江发源之谜"等消息时，他们并没有感到丝毫的激动和惊奇。当然那种穷追不舍的科学探源精神是值得称赞的，但是探源者们经过艰苦跋涉才发现的源头，其实是早在几千年前就流动于他们家门前的一条小溪，藏族同胞对其熟悉得如同自家兄弟。

有关"长江"的记载见诸于《朗氏家谱》《格萨尔·赛马称王》等藏族古老的史书和史诗中。至少早在公元一千年前，藏族人称这条亚洲巨川为"治曲"，这就意味着长江的源头早已有了定论，甚至可以说长江的命名时期是与青藏高原的神话时代同期的。或许人类神话时代确曾构筑过文化的通天"巴别塔"吧！相传远古时期，大地出现了特大干旱天气，万物凋敝，土地干裂，众多生灵濒临灭绝的边缘。苍巴天神为拯救天下苍生，特派"长江"下界泽被万物生灵。"长江"最初只从天界直泻大地，是名副其实的通天大江，苍巴天神为了永泽大地，便命其下界为人间的河流。于是"长江"提出两个请求：一、希望从天界如意神牛（雌性）的腔体中降世到人间，祈愿自己变成养育天下万物的乳汁；二、希望从金子铺设的河床上流过，解救众生贫困，以显示其不同凡响的王者风范。通天大江从一头神牛（雌性）的鼻腔中喷涌而出，变成了人间的"大藏布"，之后当地的人们就称其为"治曲"——母牛河。

沿着布（治）曲河逆流而上，北边的山脉都姓"治"（藏族地理中山脉有姓氏，如阿青、巴彦等）治岗更、治协嘎等。雁石坪（治扎穆）是母牛的尾巴，母牛的头位于然伊曲周（母牛鼻孔）山。布曲河北边长达上百千米的山脉都以"治"（母牛）姓冠名。顺流而下，治曲和当曲汇合，称治当桑朵；再往下治曲和玛曲（沱沱河）交汇称治玛桑朵；治曲和牙曲（野牛河）汇合称治牙桑朵。整个牙涌的千里草原，都以"牙"（野牦牛）字打头。沿着牦牛河（母牛河）顺江而下，到百里之遥，与南来的当曲河汇合，形成了治当桑多。再向北流过二十多千米的荒漠滩地，从姜古迪如冰川流下的玛曲（沱沱河）河注入了治曲，其交汇处称为治玛桑多。仍然以"治"字当头，显示了正源的正统地位。古人对于山河的命名，有其神秘的规矩，不是随口而出，遵循着山川王国的"天道"。

（二）牦牛与烟瘴挂峡谷

万里长江第一峡——烟瘴挂峡谷（烟章挂十八大城堡）也是以"牙"字命名，这里有怪石嶙峋、形态奇幻、高耸入云的"十八大城堡"峰，有与之相对应的魔幻幽深的十八大峡谷，有神秘隐蔽的无数天然岩洞，有清泉流泻、奇花异草，更是各种动物的天然乐园。有雪豹潜行于石山草地，有棕熊出没，有猫头鹰痴笑，岩羊漫山遍野，野狼穿行其间，还有侠盗隐遁，高人潜修。

烟瘴挂山系在长江源地区属于一个庞大的山脉家族。从源自长江源与澜沧江分水岭的冰川融水，向北一路注入治曲的牙曲河流域，方圆千里的牙涌草原及烟瘴挂山系都属于"牙氏"领土。"烟"与"牙"在藏语是同字，音译时出现了差异。是"yak"的不同译音，仍然是指野牦牛。

（三）牦牛与治达萨姆岗

我的朋友，二十世纪八十年代漂流长江的英雄，之后三十多年踏遍三江源大地的地理专家杨勇先生，于2017年6月份随我们"中国生态人文作家源文化考察团"，从长江源流域的恩钦河谷跨越"治达萨姆岗"，走进澜沧江源头，站在长江源与澜沧江源的分水岭——萨通拉山口，回望我的出生地恩钦河谷时，杨勇说起他三十多年来勘查、研究三江源地理的一个发现，在我国地理学术中直到今天，对长江源与澜沧江源之间的庞大山岗还没有命名。他问我藏族人对此有无地理名称。我说在藏族的正统史书上有关于这片土地的记载。总的讲，在藏族史书中把整个青藏高原的地理概括为"上阿里三围，中卫藏四如，下朵康六岗"，我用脚踏了一下地说，我们脚下的这方土地属于"下朵康六岗"的范围，称为"治达萨姆岗"。就是"治曲"（长江）和"达曲"（澜沧江）之间隆起的庞大山岗。杨勇尽管踏遍了三江源的千山万水，熟悉这片土地的山山水水，是一位脚踏实地、胸有"江源"的难得的地理专家，但是听他提出这样的问题，我感觉到他也像诸多考察江源的国内科考专家一样，唯一的缺憾是没有深入了解江源牧民的习惯。游牧人对于山水地理，有着天生的喜好。一提起高原山水和动物，就能够开启牧民的话匣子。童年听着长辈讲山水故事；长大了，自己亲自踏遍草原的每个角落，寻找故事里的山水。

　　"治达萨姆岗"是一个大的地理概念，是青藏高原东部的"朵康六岗"之一，它的区域在长江源与澜沧江源之间。烟瘴挂山系就处在萨姆岗的北部边沿。通天河就从这座山的脚下蜿蜒向东流去。"萨姆岗"，在藏文中没有明确的含义。大多解释为"花白母牛"；"岗"有凸起的高地之意。通常指的是两条河流之间形成的高地。

　　（四）牦牛与黄河

　　我确信江河是流动的时间。黄河从百万年前的某个时辰，从雅拉达泽神山

脚下突然喷涌而出，穿越3000多万年的岁月变幻，终于来到了百川汇集的大海。是大海归纳了黄河，还是黄河汇成了汪洋？在《格萨尔》史诗中称大海为"江河的宝库"。黄河经历千万年的锻造锤炼，注入东海似乎完成了她的天命，圆满成佛了。再也不哼那潺潺流动的小曲，没有撕裂天地的爱恨情仇，没有咆哮九天的怒呼。然而，时间却从不可思议地无始滚滚而来，走向没有终点的未来。其实，河流又何尝不是如此呢？正如黄河的源头是约古宗列湿地的"玛曲"，而"玛曲"的源头是巴颜喀拉山脉和阿青山脉的千年冰川。而冰川的源头在哪里？黄河注入大海是她生命的终结？还是升华？

黄河源头的雅拉达则神山，是以"雅"字冠名的大山。曾经在这一带生存、繁衍的雅拉部落，也以"雅"字冠名一个族群。工树民间有俗语："卡拉、雅拉是野牦牛的天地。"雅拉部落曾经生活的年代里，黄河源头是野性的草原，是野牦牛栖息、活动的天地。因此，整片黄河源区，从地名到动物，再到部落，都以"雅"字冠名，可见野牦牛与藏族人间的密切联系。

（五）牦牛与年保玉则神山

我的好友，著名作家古岳在《巴颜喀拉的众生》中记录了年保玉则神山的传说，文中写道："老山神听着高兴，但随后又叹了口气说，第二天，他会有一场恶战，对手是一个恶魔，吉凶未卜，便问猎人可否助他一臂之力？猎人说，能助山神替人间除恶是他无上的荣耀。闻言，山神大喜，遂告知猎人，第二天他将化身一头白牦牛，与化身为一头黑牦牛的恶魔交战，让猎人躲在暗处，见机行事。第二天，猎人早早来到山下等候。不一会儿，狂风大作，飞沙走石，天昏地暗。只见半空中，一头白牦牛与一头黑牦牛已经摆开阵势在年保铁匠山厮杀，大战儿白个回合不分胜负。接下来的鏖战中，黑牦牛渐渐占了上风，白牦牛借机向一旁腾空而出。猎人知道，这是老山神的脱身之计，便弯弓搭箭，瞄准了黑牦牛的要害处一箭射去。只听得'嗖'的一声，黑牦牛应声落地，化作一股黑烟飘走了。"故事讲到，年保玉则山神为感谢救命之恩，将他的美若天仙的小女儿——梅朵陀金许配给猎人。猎人和梅朵陀金生下一个儿子，叫帕合太。帕合太有四子，其中一儿出家为僧，另外三个儿子成家立业，繁衍生息。

据说，三果洛的子民都是帕合太的后裔。这则神话讲的是关于果洛藏族人的族源。很明显，年保玉则山的山神，在现象世界看到的是一头白牦牛。而这头神奇的白牦牛是三果洛的远祖，也就是说果洛藏族人源于白牦牛。

念青唐古拉神山的民间神话故事也有类似的内容。由洛桑灵智多杰主编的《青藏高原山水文化》导论中记载，"又有一天，扎古恶脸在出猎的路上看见一头白牦牛和一头黑牦牛顶架。白牦牛像一座高高矗立的雪山，每一次攻击都使黑牦牛只有招架之力。等扎古恶脸晚上归来的时候，黑牦牛高高举起蓬松的牛尾，两只黑洞洞的鼻腔冒着青烟，嘴里闪着火焰般鲜红的舌头，白牦牛已被顶翻在地。扎古恶脸心想：这白牦牛可能是天神，黑牦牛可能是魔鬼。他用野牛肋骨做成的弓箭射死了黑牦牛。扎古恶脸刚到家里，念青唐古拉山神化为凡人相貌，着一身白色绸缎衣裳，头戴白色头巾，左手持一短剑，右手握着马鞭骑着白马飞驰而至"。念青唐古拉山神为了报答救命之恩，向猎人打开了唐古拉山的所有宝藏之门，让他选三样宝物。故事讲明了最终占领唐古拉山的山神是一头神奇的白牦牛。

### 三、牦牛与吐蕃政权

（一）牦牛与吐蕃第一位国王聂赤赞普

据说，公元前二百多年前的某一天，当吐蕃十二位苯教智者在敬奉神山时，路遇一奇人。问他来历，他以手指天。他们便认为是天神下凡，遂请他当国王。吐蕃第一代赞普接任王位时，提出吐蕃是否有偷盗，是否有毒，是否有野牦牛等疑问。所谓"赞普"，有"强者"之意。他们回答："偷盗有对治，毒有药，野牦牛有制服的武器。"从这里不难发现，要当吐蕃国王，并非是一件轻松的美差。既要治理野性十足的吐蕃人，又要制服横行于雅隆河谷的野牦牛。

（二）牦牛与吐蕃第一位贤臣茹来杰

翻开藏族正统的历史书，就能看到有关吐蕃第一位贤臣的记载。大臣罗昂谋杀了赞普直贡，娶其公主为妻，将其王后发配当了放马员。王后在野外放马时，入睡梦见与一位白色俊男交合。醒来时，看见一头白牦牛从她枕边走过。王后怀孕满八月，生下一团拳头大小蠕动的血块。不忍抛弃，但要养育又没有眼耳等五官，遂将其装进一支牦牛角，用温热骨髓喂养，细心呵护。过了一些时间，天地造化，从牛角里生出一个男孩，取名茹来杰，意即生于牛角。那头白牦牛，传说是青藏高原创世九尊神山之父——雅拉香波神山显了灵。他长到十岁问母亲，父亲和三位长兄在哪里？母亲详细告诉他宫廷政变的灾难。他开始寻找父亲的墓，打听三位长兄的下落。经过一番艰苦努力，找到了父亲的墓，在贡布森姆谷重建了墓地。就去邀请三位长兄。长兄夏赤在贡布塞纳地，号称白色贡布王，统治着贡布地区；小兄长号称尼赞王，是达博地区的王。他俩没能邀请到。次兄长念赤在波密岩上，号称波德吉加，统治着波密地区。他将次兄长念赤封为王，扶持他重整旗鼓，复兴吐蕃王朝。在念赤王掌权吐蕃朝政期间，茹来杰进行了合伙征服野牦牛、河道建渠、草地开垦、炭火融石、开采金银铜铁矿以及大河造桥等一系列开创性的事业。如此一位千古颂扬的吐蕃功臣，素有"吐蕃七大贤臣"之首的茹来杰，居然与牦牛有着神话般的关系。按照人世间的伦理来说，这头白色牦牛是贤臣茹来杰的生父。史书记载，这头牦牛不是平常家养的牲畜，是创世九座神山之父沃德贡加神山的长子雅拉香波神山在人间的形象。

（三）牦牛与吐蕃王室血统

吐蕃一代明君松赞干布和末代暴君朗达玛（头上有角）的故事中讲到一个特殊的事情。成书于十二世纪的《娘氏宗教源流》中记载：这位国王（达日年色）之子是南日松赞。他的谋臣苯教徒西绕旦赐予苯教四部或五部密教。在强巴弥久王宫里，住着赞普南日松赞和才崩萨治姆托嘎（又称拉撒贡赞玛）。王后梦见出现一道阳光处，有一寸大小的白色婴孩，融进她的肚脐眼。将梦境禀告国王，说将会生出一位降服众生的化身。此时，在普陀山的圣观世音见降服雪域众生的时机已经成熟，侧目而视，发出一道光直射雪域藏地众佛见圣普贤前往雪域降服众生去了；虚空中的夜叉看到一束光；国王发现王后受孕了。到九个月零十天时，于火牛年三月，王后没有疼痛地生下了王子。王子手掌心和脚底有法轮印记，发髻偏蓝而右旋，满口长满白牙。生下来就会说话，向父母叩首，头顶有阿弥陀佛，具足无量相好庄严。起名松赞干布。第二天，太阳升起来时，王子说："父母殿下，所有黑发人的王，众生的庄严，众生救主，大王父母安坐、行走于宫中否？"如此进行了叩拜。父王确知其是一降服众生的化身，对此世间众人怀疑说其是"双头王子"，父亲就用黄色绸缎将其头缠起来。吞米桑博扎看到了（王子头顶）阿弥陀佛的莲花座，禄东赞看见美丽的十一面穿着头巾。在坊间传言（吐蕃王宫）有"双头王子"之谣。有些人说，有十一面。之后，王子在宫中闭关修行。我推想，自从松赞干布之后，藏族人可能就有了缠头巾的时尚。我们看到大昭寺里的松赞干布塑像确实缠着头巾，同时代的大臣也都缠着头巾。末代君王却因为灭佛而被历代佛教学者贬称为"朗达玛"，说他的头上长有黄牛角。在《汉藏史集》中引用《柱间遗教》里松赞干布的训诫："这雪域大王国，从我到五代，将会出世'德'名大法王，弘扬一切佛法之经教，最终他也会成佛；由此算到第二代，出世有牲畜名者（即朗达玛）国王。"正所谓胜者为王，败者为寇。一代明君松赞干布头顶有肉髻，说成是阿弥陀佛，而朗达玛头顶有异样却说成是牛角，还以预言的形式贬称为"畜牲姓名"者。不管是明君也好，暴君也罢，都是"牦牛六部"的子孙后代。像汉族自称是"龙的传人"，藏族人虽然没有明确表示，但是，深究千年的青藏历史，我觉得称"牦牛的传人"也不可为过吧！抛开历史恩怨，只看原始故事本身，我觉得吐蕃王室的人种确实不同凡响。就第一位吐蕃功臣茹来杰的传奇来历而言，似乎在说野牦牛与雅砻河谷人种的某种渊源关系。这种人与野牦牛之间的血缘关系的故事，在青藏高原的各个角落都有不同版本的传说。世居青藏高原的民族、部落及氏族都有类似茹来杰般的传说。

## 四、牦牛与财富

什么是财富？财富是有价值的东西。包括自然财富和精神财富。

牦牛，藏语称"诺尔"，即财宝之意。就是藏族人眼里的上乘之宝，尤其是对于游牧人而言，牦牛是取之不竭，用之不尽的财宝。其他如金银、珍珠、珊瑚玛瑙类称"诺尔布"，言下之意，是"诺尔"之子，是子宝。牦牛是藏族人心中的母宝，乃一切财宝的源泉。牦牛的价值甚至超越了物质本身，是藏族人精神财富的象征。

把钱存到银行里，自己手里只有一串虚拟数字是财富吗？拥有几套水泥钢筋构成的房子是财富吗？有堆积如山的货物算财富吗？库藏有几十箱黄金是财富吗？那拥有几万亩草原算不算财富，养有几百几千头牛羊算不算财富？为何做了交易、出栏、出售才算是收入呢？为何变成了货币进入了流通才算财富呢？养殖牦牛的目的只有出栏和出售吗？养殖牦牛仅仅只是屠宰赚取盈利吗？牦牛肉，在传统牦牛产业中只占一小部分，不是全部。目前我们基本放弃了畜牧业生产，政府宏观指导的能力较弱。以前畜牧业提倡：发展羊、控制牛、减少马。目前恰恰相反。发展马、控制牛，减少羊。似乎所有的注意力都集中到牦牛肉食产品上。我们别忘了青藏高原的载畜量和牦牛生产周期。一旦打开了内地城市的销售市场，将会出现供不应求的难堪现象。全世界的牦牛仅有1400多头，说青海大约只有470万头。而我国一个大城市的人口多达2000多万，按照每人一年四分之一头牛的牦牛肉需求计算，仅仅一个城市的需求量就达到800多万头牦牛，全世界的牦牛不到一年就吃光光。我们还是遵循天道，物以稀为贵，也不能专注在屠宰牦牛的事情上。千年形成的畜牧业产业丰富多彩，酥油、酸奶、曲拉、牦牛绒等牦牛产品不计其数。

在我们青藏地区，牦牛不仅仅是商品，它还是我们青藏文化的根脉。别把我们的文化急着出卖，别急着屠杀我们祖祖辈辈同风雨共患难的伙伴。在利益至上和以"有没有用"作为价值尺度的商业社会眼里，只看到牦牛身上可食的部位，就像饿狼看到绵羊。似乎忘记了牦牛首先是一条生命，是跟我们人类一样渴望获得快乐，不愿遭受痛苦的。尤其是对于青藏牧人来讲，牦牛不仅是财富，更是千年不离的伙伴。我记得我们家几个兄弟姐妹，都是被一头非常忠厚的花褐色的驮牛驮载着长大成人的。那头牦牛至今还在我眼前晃荡。每次转场，都由那头可爱的驮牛驮着我们，把我们安全地送达目的地。它陪伴我兄妹十几年，没有出现过一点惊险。记得我大哥骑在驮牛的脖颈上，我骑在后殿，中间牛鞍上绑着我妹妹和弟弟，驮牛的鼻绳系在鞍子上，与转场的牛群一起走。什么物件从它背上掉落下来，它立刻就停止脚步，静静地等待有人来扶正。它老了，搬家都跟不上牛群，我们心里很难过。父母用一片红布在它耳朵上做了记号，放生了，放归野外。邻里亲朋来家里做客，我们总是在打听那头驮牛的消息。直到我去乡里上学，还总能在野外最肥美的草原上看见它，或者听到它的消息。我记得我从乡里放假回来，兄弟姐妹们不像往常那样热闹，围坐在一火炉旁，静静地注视着一簇牛尾巴。看我一脸懵懂的样子，说这是我们家那头可爱驮牛的尾巴，它最后还是回到了我们家牛圈，喂给它青草吃，已经无力啃食，眼眶里流着泪，默默地咽下最后一口气，走了。说完像开了闸的洪水，大家立刻流下了眼泪。那可是我童年快乐的伙伴和见证者，没有了它，我的世界就不完整。

当我听到有人吹嘘"世界牦牛看中国，中国牦牛看青海，青海牦牛看玉树！"我又想起了那头可爱的驮牛。牦牛们听到这样的话语不知是什么反应，作为牦牛伙伴的游牧人，我听到后毛骨悚然。我心底里默默地说，"别看玉树，别看我们的家乡！"这一"看"啊，我分明看到成排成排倒下的牦牛，看到从血海里蒸腾的云雾。我不由自主地喊出声来：救救牦牛！救救游牧人！我们的文化不允许这样大开杀戒啊。长此以往，我们是在扼杀我们文化的命脉！

我虽非牦牛专家，但我的血管里流淌着母牛河（长江），我喝着牦牛奶、吃着牦牛肉、住着牦牛帐篷、牦牛陪伴着我走过了人生的风风雨雨，草原上有牦牛就不孤单，雪地里有牦牛就不寒冷，黑夜里有牦牛就不恐惧，跟着牦牛远行就很自信……我的生存连接着牦牛，我从来不把牦牛当"外人"。我不忍心用经济学的眼光去衡量牦牛的价值，也不忍心用功利主义的语气说牦牛的商品价格。我祖先养殖牦牛的目的绝对不是头数乘以市场价，也不是为了给有钱人家提供绿色食品。养牦牛，是在养我们的文化。牦牛离不开我们，我们也离不了牦牛。我们与牦牛就这样一起走过了千年的时光，我祈愿将来要继续走下去……我推想什么时候当所有牧人把牦牛当成商品来养殖时，就是对游牧文化的毁灭性打击。

作者简介：

文扎，男，藏族，1964年8月，出生在青海治多县达生村索波察叶神山前。民族学研究生，北京大学汉语言文学系访问学者，青海格萨尔专家，青海作家协会会员。

提出了"嘎嘉洛文化"学术概念，开创了"源文化"思想。

先后荣获"玉树唐蕃古道文学奖""青海省第七届文学艺术奖"，青海省第二届《格萨尔》研究成果一等奖。

主要作品有文化散文专著《问道三江源》（汉文，青海人民出版社出版）、《寻根长江源》（汉文　西安地图出版社出版）、《长江源嘎嘉洛山水文化总说》（藏文　甘肃民族出版社出版）、《帕玉树部落史》（合著，藏文）、《嘎嘉洛风物遗迹》（藏文）；藏译汉作品《丹玛·贡萨秋吉活佛自传》（北京宗教出版社出版）、《格萨尔仲·嘉洛婚礼》《格萨尔仲·米琼拉伊宗》《格萨尔仲·朱古兵器宗》《格萨尔仲·松巴骗牛宗》等九篇；主编有《嘎嘉洛文化丛书》（36册　甘肃民族出版社出版）、《源文化丛书》（6册　青海人民出版社出版）、《治多县志》（汉文　甘肃民族出版社出版）；整理编辑著名爱国人士秋吉活佛著述《自传》（藏文版）、《诗集》《密集金刚四家合注讲经记》《菩提道次第八大教授传讲录》《宗喀巴师徒三尊著作传讲录》等9册。总之，撰写、主编等60余部作品。

证见

才仁当智　画作

# 古老畜牧业重焕生机

## 青海玉树牦牛产业观察

新华社记者：陈凯　柳泽兴　李劲锋

地处长江、黄河、澜沧江发源地的青海省玉树藏族自治州，承担着守护"中华水塔"的重任，这里也拥有约 150 万头牦牛。

数千年来"逐水草而居"的传统放牧，只能保证牧民自养自食。近年来，在北京对口支援等政策项目推动下，玉树重塑牦牛养殖体系，打造现代化畜牧产业链。在传承与创新中，玉树牦牛产业带动牧民增收、牧场修复、牧区振兴，青藏高原的古老畜牧业重焕生机。

### "高原之舟"化身"都市健康美食"

产自海拔 4000 多米的玉树牦牛，由北京老字号月盛斋制成五香牦牛肉、红烧牦牛腱、香辣牦牛杂等食品，令人眼前一亮。

玉树州农牧和科技局局长才仁扎西介绍，玉树州目前牦牛存栏 148.95 万头，约占全球牦牛总量的十分之一。玉树牦牛地处野牦牛活动的高寒无污染草原，脂肪含量低，肉质鲜香。

传统畜牧模式，牦牛出栏量低。玉树市下拉秀镇钻多村牧民吉布才仁祖祖辈辈养牦牛，"过去牦牛产肉少，只够家人亲戚吃，要用钱时才舍得卖，有的牦牛能养 10 多年"。

近 3 年来，北京对口支援安排上亿元资金，建设现代生态养殖示范基地，构建疫病防控品质检测体系，创建玉树牦牛区域公用品牌，打通屠宰加工运输销售通道，将玉树牦牛引入北京市场，摆上超市货架、进入餐厅菜单、开发预制菜品。加上溯源体系普及，消费者扫描包装上二维码，就能看到牦牛出生、养殖、加工、物流、检疫全流程。

北京援青指挥部指挥长袁浩宗说，牦牛进北京，既能丰富首都人民餐桌，让消费者体验到原生态美食，又能提升玉树牦牛产业化程度，增强牧民发展动力，改善生活水平。

北京援青干部、首农玉树供应链公司总经理宗光未介绍，玉树牦牛肉当地售价每斤约 45 元，通过精细分成、多品类加工，运到北京平均售价能超 60 元，"今年计划上千头牦牛运至北京，后续扩大到每年 1 万头。"

进入北京，走向全国。去年玉树牦牛出栏 31 万头，牦牛肉及制品销售网逐步覆盖到上海、成都等地。当地计划"十四五"期间，年出栏达 40 万头，成为全国知名绿色有机农畜产品主供区。

## 打造新业态 摆脱"靠天放牧"

午后的称多县歇武镇牧业村，阳光遍洒大地。一座现代化养殖基地里，白玛代西和丈夫推出 3 袋饲草料，倒入食槽，引来牦牛争相进食，"这个冬天，棚里牦牛都活了下来，马上就能放到牧场，吃上新鲜绿草"。

冬天是玉树牧民最头疼的季节。高原入冬早，开春晚。最早 10 月份，草场就被大雪覆盖，牦牛觅食难，不断掉膘，遇上雪灾成批冻死饿死。传统的"靠天放牧"，让牦牛陷入"夏壮、秋肥、冬瘦、春死"循环。

传统放养沿袭上千年，调整改变并非易事。去年，北京援青指挥部投资1200万元建设生态牧业示范基地。北京援青干部、称多县副县长谢立军全程参与，"向牧民逐一解答牦牛在牛棚是否适应，越冬草料采购是否要多花钱等问题，花费精力最多"。

经过多方走访、解疑释惑，示范基地最终落户称多县昂巴拉农牧民专业合作社。基地越冬棚、保育舍、干草棚等设施，以及饲养、采奶、防疫等设备俱全，能容纳上千头牦牛冬春补饲、夏秋放牧、分群养殖。

"首批100头牦牛第一次在棚里过冬。"昂巴拉农牧民专业合作社理事长布德介绍，在北京首农食品集团有限公司技术专家指导下，他们按时给牦牛补饲减少掉膘，出栏卖到北京，"看到效果，很多牧民准备将牦牛赶来基地养，今年预计能出栏600头。"布德说。

目前，玉树州已建成类似示范基地11个。经过探索试验，牦牛年损亡率从全州历史最高的9.2%降至0.6%，出栏周期比传统放牧缩短2到5年。

推动牧业现代化，良种繁育不可缺。在曲麻莱县叶格乡红旗村，牦牛三五成群埋头吃草，犹如散落山间的一颗颗"黑珍珠"。牧民边巴满脸自豪，"这些野血牦牛可是精挑细选的宝贝。"

过去缺乏良种选育概念，各家各户粗放散养，导致牦牛近亲繁殖，体型瘦弱，死亡率高。去年红旗村引进235头野血牦牛，建起良种繁育基地。

"野血牦牛结合野牦牛和家养牦牛优点，生长快、抗病性强。"叶格乡党委书记白玛松毛说，成年公牛产肉量比普通牦

牛多出上百斤。目前，玉树州已建起 8 个千头规模的良种繁育基地，每年可培育 3500 头良种牦牛，还能供应其他市州。

国家肉牛牦牛产业技术体系玉树综合试验站站长宋仁德，在玉树研究牦牛 30 多年。他介绍，玉树推广的"放牧 + 补饲"模式，夏秋继续原生态放养，保障牦牛绿色有机品质，同时融入现代技术提高养殖效率，实现新业态。

## 生态牧业奏响振兴曲

沙松是曲麻莱县昂拉村牧民。过去缺少资金，沙松一家人围着 20 多头牦牛，每天跑草山放牧、给母牛挤奶、捡牛粪生火，日子过得紧巴巴。后来他们用家中牦牛和草场入股村集体合作社，生活大变样。

如今，沙松和妻子被合作社聘为放牧员，专门负责放牧，同时承担生态管护员职责，每年放牧工资、生态管护、合作社分红等收入超过 6 万元，2019 年顺利脱贫，"牦牛挤奶、防病都有专人负责，比自家养还省心。"

地处玉珠峰南麓、海拔 4600 米的昂拉村，全村 85% 牧户都是合作社股民。合作社整合草场 73.3 万亩，牦牛藏羊存栏 1 万多头（只）。去年村集体成立户外旅游公司，接待上千名登山爱好者增收 107 万元。村支部书记才丁加说，

村民当一次向导能收入 3000 元。

以合作社为载体，发展生态畜牧业，实现牧民增收与生态保护"双赢"。青海省畜牧兽医科学院院长刘书杰介绍，合作社规模化养殖、专业化分工，大量牧民从放牧中解脱出来，从事生态管护、旅游接待、外出务工增收；合作社整合草场轮牧，牛羊不再过度啃食草场，有利于保护草原生态。

玉树州有 258 个村，共组建村级生态畜牧业合作社 206 个。生态畜牧业带动当地牧民人均年收入从 2018 年 7808 元，到去年首次突破 1 万元；1545 万亩草场休牧轮牧实现"草畜平衡"，全州草原综合植被盖度提高生态畜牧业成为玉树主导产业，吸引不少大学生返乡当"牛倌"，高原草场实现生态修复，生态旅游得到发展，而且大批牧民搬出草山住进城镇，过上现代化牧区生活。

继牦牛肉、牦牛奶销往全国各地后，玉树牦牛绒产品也逐步推向市场。北京援青干部、治多县副县长谢智刚去年引进江苏一家企业，在当地收购牦牛绒生产高端面料，制作围巾和大衣等，"牦牛绒非常保暖柔软，牦牛毛还能做帐篷和太阳伞，进一步延长牦牛产业链。"谢智刚说。

玉树州副州长尼玛才仁说，玉树牦牛正寄托着产业富民的希望，承载着牧区振兴的未来。

（参与采写：王金金）

# 野血牦牛繁育助力乡村振兴

《光明日报》记者：万玛加　王雯静

《光明日报》通讯员：张子涵　程宦宁

　　"你看这头牛的毛色多纯正，身体也壮，这样的品相在牦牛中算得上顶尖了，相信野血牦牛采购验收肯定没问题。"近日，青海省玉树藏族自治州曲麻莱县叶格乡龙麻村的村民土旦严培在牛棚里忙活，给牦牛梳理毛发，再添上新鲜的牧草……土旦严培像照顾自己的孩子一样照顾着这头牦牛。

　　上午9时，土旦严培牵着自家的牦牛早早来到了验收场地，原本空旷的场地上挤满了前来参加验收的村民和他们带来的牦牛。这些牦牛不仅是牧民们的宝贝，更是当地打开乡村振兴高质量发展大门的"金钥匙"。

　　"我们按照市场价格从牧民手中收购纯种野血牦牛，目的是打造'种子工程'，简单说就是确保牦牛的血统纯正，从而繁衍出品质更好的野血牦牛，这样做也是为了加快打造曲麻莱县成为高质量绿色农畜产品输出地。"曲麻莱县叶格乡党委书记白玛介绍，除了龙麻村，红旗村也是参与采购的村子之一，而采购来的牦牛分别在两个村子的牦牛良种繁育基地进行集中统一饲养，如果有

订单需求就可以直接从繁育基地提供高品质牦牛。

"村里的牧民还能以草场、劳力的形式加入繁育基地，总而言之，通往乡村振兴的路上不会落下任何一个人。"白玛补充道。

其实早在十年前，红旗村就成立了生态畜牧业专业合作社。近年来，在村"两委"的带领下，红旗村被划分为 16 个片区，同时下设了 16 个股份制合作小组，确立了"划区轮牧、合理载畜、整合资源、多种经营"的发展理念，并结合群众实际，细化作价定股标准，将草场、牲畜和劳力全部作价入股。

"现在我是良种繁育基地的工作人员，主要负责基地的放牧以及一些简单的清理打扫工作，每个月都有 5000 元的工资，日子过得越来越红火了。"说话的是红旗村脱贫户才仁。

而在此之前，才仁家没有牲畜，草场面积也十分有限，家里的经济来源主要是靠给别人放牧，每年的收入不多，日子紧巴巴的。但他觉得不能"等靠要"，在致富的路上得想想办法，找找出路。于是，在良种繁育基地成立之初，他就以劳力的方式入股加入了合作社，现在每个月有固定工资和补助，到夏季再帮别人挖虫草，生活过得有滋有味。

如今，红旗村连片牲畜数量达到 15000 余头（只），入社户数 568 户，合作社牧户入社率达到 100%，"要入社，入社好"成为村民们的共识，分红 153 余万元，户均分红达到 3000 元，入股牧户的人均纯收入较入股前增长了 2 倍。

"下一步，我们会将重点放在加快打造'种子工程'上，确保我们野血牦牛始终如一的高品质，同时，第二、三产业也会在今年慢慢规划起来，争取把我们的牦牛做成产业融合发展的'金色名片'，带着群众共同奔向更美好的明天。"白玛说。

龙麻村和红旗村通过入股分红的方式，将牧民手中的草场和牲畜进行整合，改变了牧民"跟着草山走，围着牛羊转"的生产生活方式，这是传统草原畜牧业走向现代化的关键一步，而特色野血牦牛的培育，更使两村提速奔向乡村振兴。

# 合作社分红，农牧民笑了

《光明日报》记者：尚杰　万玛加

6月29日，在青海省囊谦县吉曲乡，改多生态畜牧业专业合作社举行了首次分红仪式。64岁的索南江才老人看到存折上多出的1.7万多元，笑得合不拢嘴。

要知道，一年多以前，村社干部动员他加入合作社时，这位老人可是一蹦三尺高："那不是又回到'吃大锅饭'的老路上了吗？"最后，在儿子的劝说下，索南江才勉强答应拿出30头牦牛入股试一试。一年时间过去了，不仅他领到了分红，从放牧中解脱出来的儿子专心搞运输，日子更红火了。

当天，这家合作社的总分红额达到74.26万元。其中，牦牛养殖分红60.39万元，涉及157户；青稞种植分红13.87万元，涉及133户。整个村庄沉浸在喜气洋洋的气氛中，村民说比过年还高兴。

改多村位于囊谦县南部，距离县城150公里，交通不便，又没有能够采挖虫草的草山，一直是全县的深度贫困村。脱贫攻坚战打响以来，帮扶单位——青海省农业农村厅先后投入近700万元，帮助村里改善基础设施、发展产业，改多村在 2018 年顺利脱贫摘帽。

脱贫后如何带领群众致富，驻村第一书记东林、村主任昂劳在合作社上"动起了脑筋"。村里在 2016 年 7 月就成立了合作社，但一直"有名无实"，没有发挥应有的作用。两人在县农牧局、乡镇干部的大力支持下，对四个村社逐一进行思想动员，最后集合全村群众讨论，终于在 2018 年 11 月完成了合作社的股份制改造，村民们以劳力、牲畜、草山、耕地入股，实现了"全村入社"。村里的 3000 多头牲畜，入股合作社的有 1127 头，数量接近三分之一。

有了良好的开端，合作社的发展进入了"快车道"，先后建起了厂房和储存房，购置了冷藏车、收割机、拖拉机。在县农牧局的牵线搭桥下，合作社与青海省的牦牛龙头企业积极对接，2019 年出栏 232 头，创下了历史纪录；东林又为合作社建起了青稞炒面的生产车间，提高了种植青稞的附加值。

现场见证了分红过程，并与村民进行交谈后，青海省农业农村厅兽医局局长马睿麟兴奋地说："在不改变牲畜、草山、耕地所有权的前提下，改多村的合作社通过股份制改造，实现了从农户分散经营到村集体集中统一经营的转变，他们瞄准牦牛养殖和青稞种植两大产业，积极对接市场，很快就见到了经济效益，证明这条道路在农牧区能够走通。"

拿到分红的村民在喜悦之余，也有了新的打算。27 岁的索南扎西以 8 头牛入股，分红了 5713 元。他打算来年将家里的 70 多头牛都加入合作社，自己专心搞运输，再为家里增加一份收入。不少农牧民将玉树农商银行囊谦支行行长扎西普措团团围住，咨询能否贷款扩大养殖规模，让更多的牛加入合作社中。

"眼下，像改多村这样的专业合作社在全县'遍地开花'，它们在对接市场中改变着村民们的思想观念，在规模生产中解放了青年劳动力。我们下一步将在完善内部机制、开拓市场、培育青年人才上下功夫，更好地发挥合作社在培育产业中的龙头带动作用。"囊谦县副县长永江说。

# 玉树称多："我们村的牦牛直销北京"

《光明日报》记者：万玛加　王雯静　孙金行

称多县，地处三江源腹地，平均海拔在 3500 米以上。一入秋，连绵起伏的草山便开始泛黄，成群的牦牛如黑珍珠般散落在金色的山谷间。

"你相信吗？我们村的牦牛直销北京！"这是牧民仁增求扎得知记者来自北京后，说的第一句话。

仁增求扎自幼与牛羊相伴，是放牧的一把好手，现如今他是歇武镇昂巴拉农牧民专业合作社的放牧员，"我们这里海拔高，冬天来得早。一定得穿厚点啊，你们和牛羊可比不得！"仁增求扎一边照顾牛群，一边与记者开着玩笑。

"你的普通话说得很好呀！"记者由衷赞叹道。

"这多亏了我们北京的亲人，他们援建了牦牛养殖基地，经常和他们打交道，不但普通话越说越好，牛羊也越养越壮。"仁增求扎说着，声音也大了几分。

仁增求扎口中"北京的亲人"，是北京对口援青的挂职干部。2021 年，由北京援建的三江源高原现代生态畜牧业示范点，正式落户昂巴拉农牧民专业合作社。

"以前我们养牦牛，都是各养各的，靠天吃饭。后来虽然成立了合作社，但是养殖规模还是上不去，牦牛也就 3000 多头。"回忆起过去的日子，仁增求扎表情严肃起来，"直到北京的专家'把脉'后，才知道要'科学养殖'……"

"咋个科学法？"

仁增求扎思索了一会，指着不远处说道："具体道理我说不来，养殖基地在那儿，你们去看看就知道了！"

顺着他指的方向，山脚下有一片厂房，走近一看，门前"北京援建"四个大字十分醒目。

歇武镇党委书记巴久达杰迎了上来，"这是越冬棚。冬天的时候，草原被大雪覆盖，牛群很难找到食物，越冬棚就派上了用场。在北京专家指导下，我们定期为牦牛补饲，可减少掉膘，保证了牦牛的品质。"

"这就是'科学养殖'。和过去不同，养殖基地的饲养、采奶、防疫等设备齐全，数千头牦牛冬春补饲、夏秋放牧、分群养殖。"巴久达杰介绍，"养殖规模和质量上来了，'北京的亲人'又帮我们打开了销路。目前合作社与北京的企业签署了协议，每月提供固定数量的牦牛，销售渠道非常稳定！"

"合作社采用'排班式'轮流放牧，没有被排到的人还能外出打工增加收入。"巴久达杰算了一笔账，"单说这一个项目，牧民每年就能拿到4000元的分红，比原来多了一倍。"

"从源头牧场直接到消费者的餐桌，放在以前想都不敢想！"巴久达杰感慨，"玉树是'中国牦牛之都'，自己养的牦牛能卖到首都北京，我们每个人都很自豪！"

返程途中，恰好遇到牧民放牧归来。靠边停车，等待"铺满"公路的成群牦牛过去。记者看到，被"高原之舟"铺满的，是牧民群众的致富路。

# 绿色农牧　玉树输出

《青海日报》记者：谭梅　程宦宁

草原上，体格健硕的牦牛悠闲觅食，蓝天白云下满脸喜悦的牧民唱着悠扬的牧歌……

从分散养殖到标准化规模养殖，从传统养殖方式到现代畜牧业发展，玉树藏族自治州千百年来"逐水草而居"的农牧民迎来畜牧业发展的春天。

近年来，玉树州紧紧围绕"重振玉树畜牧业雄风"重大战略部署，立足农牧业、面向农牧区、服务农牧民，以调结构、夯基础为重点，努力走出了一条规模化经营与品牌效益兼得、一二三产适度融合发展的具有高原特色的生态农牧业高质量发展之路。

## 稳扎稳打　走现代化畜牧业发展之路

畜牧业是玉树州的第一生计、第一支柱，是稳定的"压舱石"。玉树要发

漫山遍野的"黑珍珠"

展、要改善民生、要保护生态环境，必须依托畜牧业，畜牧业就是玉树发展的"牛鼻子"。

玉树是青海牦牛的核心产区和世界野血牦牛的发源地，也是青海省最重要的优良品种繁育区。作为青海省牦牛产业发展的主战场、主阵地，牦牛产业是玉树最具特色、最具潜力、最有发展前景的农牧产业。

如今，这里拥有约150万头牦牛的存栏。那么玉树是如何一步步重振昔日的畜牧雄风，玉树州给出的答案是走现代化畜牧业发展之路。

8月的治多县嘉洛草原上漫步着成千上万头牦牛，它们像一颗颗黑珍珠一样装点着绿毯。

治多县地处三江源核心区，是畜牧大县、牦牛大县，截至目前，该县累计注册组建生态畜牧业专业合作社36个，20个村实现合作社全覆盖，采取"基地＋合作社＋牧户"的运作模式，带动牧户通过发展特色产业、基地务工、草场流转等方式，实现牧民致富。

治多县委书记池永杰说，为加强乡村振兴产业发展，努力打造绿色有机农畜产品输出地，治多县重点打造"3R（乳制品、肉制品、绒制品）"产品，充分利用绿色生态优势、全力推动特色产品品牌建设工作，集中力量打造一批真正立得住、叫得响、走得出的大品牌。

治多县不是个例。

玉树畜牧业联合集约之路，以股份合作为主体、多种经营并存的体制，大力发展股份合作模式、扶持能人代管模式、鼓励联户经营模式、支持大户经营模式，最大限度地把草场、牲畜、劳力等生产要素整合集中起来，形成牧业资源优化重组、牧民按技能重新分工、收益按股权进行分配、生产要素按市场进行配置的适度规模化经营格局。

经过多年的摸索实践，村级生态畜牧业合作社在生态环境改善、经营方式转变、组织化程度提高、增收渠道拓宽方面发挥了较好作用。截至目前，该州组建村级生态畜牧业合作社 206 个，2022 年在原有 28 个草地生态畜牧业试验区试点社的基础上，新增了 6 个，总数达到 34 个。

## 绿色品牌　增强特色农畜产品市场竞争力

"2016 年，农业农村部正式批准对'玉树牦牛'实施农产品地理标志登记保护；2017 年，'玉树牦牛'中国特色农产品优势区入选中国特色农产品优势区名单；2019 年，被列为青海农产品区域公用品牌，同年入选'中国农产品百强标志性品牌'……"不久前，在首届中国（玉树）牦牛产业大会上，玉树州发布了玉树牦牛区域公用品牌，宣读了首届世界牦牛可持续发展"玉树宣言"。

"高端、有机、品牌！"循着明确的生态畜牧业发展定位，近年来，玉树州积极响应全省创建绿色有机农畜产品示范省的号召，充分挖掘地域资源优势，加大"二品一标"认证力度，顺利取得"玉树牦牛""扎什加羊""玉树芫根""玉树黑青稞""玉树蕨麻"5 个农产品地理标志登记证书、22 个绿色食品标志使用证书、4 个有机认证证书，使玉树州"二品一标"工作迈出了实质性步伐。

"未来，玉树州要充分挖掘玉树农畜产品无污染、绿色、有机的先天优势和品牌价值，努力提高玉树绿色有机农畜产品的品牌含金量，以雪域高原的纯净和独特为品牌旗帜，通过对高原特色农牧资源品种的保护开发和农畜产品精深加工潜力的挖掘，聚力打造牦牛、藏羊、青稞、芫根、蕨麻等系列精品产品，提升绿色有机农畜产品品牌的知名度、美誉度，增强特色农畜产品的市场竞争力。"玉树州副州长尼玛才仁说。

在积极培育农产品品牌的过程中，玉树州也将科技作为先导、人才作为核心，加强新技术新品种引进、吸收和推广，用现代农牧业科技装备农牧业产业化各环节。"我们积极鼓励龙头企业提高科技含量，提升特色农牧业产业整体水平。通过项目带动，打造规模化、集约化、现代化的特色农牧业产业基地，把农畜产品的生产、加工、销售等环节连成一体，打造以牦牛、藏羊为主的玉树特色农牧业拳头品牌产品。"玉树州农牧和科技局局长才仁扎西说。

### 融合发展　产业集群为乡村振兴增添助力

盛夏，来到玉树州曲麻莱县曲麻河乡"野血牦牛繁育基地"，天然大牧场上成群的牛羊吃着绿草。望着这群膘肥体壮的牛羊，曲麻河乡党委书记多杰战斗满心欢喜。

"野血牦牛繁育基地"，占地 1.23 万公顷，是曲麻河乡乡村振兴的重点项目，也是曲麻河乡的集体经济项目。"这里可以饲养 1800 头牦牛或者 7000 多只羊，全乡 5300 多人，按照回收土地的多少入股分红，确保每一个人都能享受到产业带来的红利。"多杰战斗说。

　　如今，曲麻河乡还在积极探索进一步整合全乡种畜资源，调整畜牧业经营模式，将第一、二、三产业融合，打造曲麻河乡野血牦牛特色品牌，通过完整的牦牛育种、养殖、肉食品加工、特色旅游体验等产业链条相互整合，实现繁育基地的高质量发展，为当地牧民提供更多岗位及就业机会，拓宽致富渠道。从"野血牦牛繁育基地"到"绿色有机畜产品输出地"的转变，有效衔接青海产业"四地"建设。

　　作为玉树州唯一一家取得玉树牦牛区域公用品牌使用权的企业，青海首农玉树供应链发展有限公司总经理宗光未介绍，他们借着首届牦牛产业大会首次展示了熟食和生食两大系列，31 种不同部位、包装、味道的全新包装牦牛肉食品，有贴体包装类和礼盒包装类的 25 款生食产品。目前，这些产品将陆续推向全国和全省已搭建好的线上线下销售平台，走出玉树，面向市场。

　　当前，玉树州集中资金、人力、技术、信息等产业要素，突出围绕牦牛产业基地建设、牦牛产品精深加工、牦牛经营组织建设等重点内容，以农牧业产业化联合体牵头，龙头企业为主体，健全牦牛产业利益联结机制，打造集一产夯实、二产提质、三产延伸为一体，青海特色优势突出、一二三产紧密融合、链条结构合理的牦牛产业集群。

　　"我们立足玉树特色，突出发展以牦牛、藏羊、青稞、芫根为主的具有区域特色和优势的主导产业，实现一二三产业融合发展，走出一条具有玉树特色农牧业向纵深发展的道路，把玉树建设成为'绿色有机农畜产品输出地主供区'、全省高原特色绿色有机农畜产品示范州、先进州。"才仁扎西说。

# 玉树州：全力推进生态畜牧业高质量发展

《青海日报》记者：程宦宁

生态畜牧业是玉树藏族自治州农牧民群众赖以生存和可持续发展的产业，是稳固脱贫攻坚、实现乡村振兴、决胜全面小康的最重要抓手。

满山遍野的牦牛　青海日报融媒体记者　程宦宁　摄

党的十八大以来，玉树州坚持"生态立州、绿色崛起"理念，统筹把握生态保护与经济发展之间的关系，紧紧围绕"农牧民富、农牧业丰、农牧区稳"三大任务，牢牢抓住全力打造绿色有机农畜产品输出地主供区机遇，瞄准"高端""高品"做文章，围绕"绿色""有机"下功夫，积极应对风险挑战，砥砺奋进，生态畜牧业呈现稳中有进、进中向好的良好态势，全力建设生态畜牧业大州蹄疾步稳。

十年来，玉树着力解决牲畜缺草、多病和受冻问题，落实农牧业基础设施建设项目资金8.2亿元，建设牲畜暖棚4928幢51.6万平方米，贮草棚5600幢22.4万平方米。建设州级饲草料贮备中心2500平方米、六县市贮备站各1000平方米。每年种植牧草7300多公顷，产量达到1.2万吨，调运储备饲草料4万吨。重大动物疫病应免尽免，牲畜疫苗接种和上市动物产品检疫率达到100%。

十年来，玉树州生态畜牧业合作社经历了从无到有、从小到大、从弱到强的发展过程，建成了比较成功的"红旗做法""同卡经验""钻多模式""车所样板"等示范社，实现了合作社规模大、畜牧业效益好的目标，探索出了一条符合畜牧业发展规律、切合玉树本地实际、适合牧民群众需要的特色产业兴旺之路。

截至目前，全州共有村级生态畜牧业合作社206个，入社牧户40939户，牲畜82.34万头（只、匹），整合草场826万公顷。其中36个生态畜牧业合作社完成股份制改造，草场、牲畜和劳力"三要素"整合率分别达82%、91%、77%，效益逐年显现，仅年底现金分红突破3000万元。

# 玉树：谋产业特色　促"畜"势勃发

《青海日报》记者：陆广涛

　　发展特色产业是农牧业的根本出路所在，也是农牧民增收的希望所在，更是玉树藏族自治州丰富资源利用的潜力所在。

和谐牧场　中共杂多县委宣传部　提供

要做大做强农牧业这个支柱产业，首先要找准发展定位，高瞻远瞩地谋篇产业布局；提升产品价值，结合高原优势，科学规划，创新研发特色优势农牧产品；加大现代农牧业产业理念转变引导力度，通过合作社对农牧民群众的辐射带动作用，不断激发农牧民内生动力，促进农牧民持续增收。

玉树州称多县珍秦镇十一村是个纯牧业村，2016年，十一村办起了专业合作社，村里72户291人入股，整合牲畜、整合草场，开始踏上生态畜牧业发展之路。草山整合，划分了四季草场，按照集约化方式生产和经营，对草场进行划区轮牧。合作社对基础设施建设、牲畜结构调整、科学养殖、良种补贴、融资贷款、多种经营进行详细规划，制定方案。

村主任久美旦周说："2019年我们将村里的七个社合并建成立嘉塘生态畜牧业合作社，统一收购、统一销售、统一分红，极大提高了效率和收入。我们的体会，只有建立生态畜牧业长效机制，才能实现可持续发展，让牧民们尝到甜头。合作社最大的好处就是牲畜有保障。把牛羊入股到合作社，不担心吃不上草，做出来的乳制品由合作社统一卖给企业，我们省了好多事还挣了很多钱。"

在青海，青稞姓"青"，而玉树州囊谦县似乎把青稞的文章做到了极致。从历史上"不加修饰"的农牧区餐桌主食，到时下精美藏式包装的"第三极"伴手礼，青稞已由单一种植迈向产业链发展的快车道。

"之前种植青稞只想着做成糌粑，总是卖不上价钱。现在好了，我们将青稞酿成藏酒，打上囊谦文化旅游的牌子，这价格翻了几番呢，以前是追求产量，现在追求品质。"今年46岁的俄金多杰是囊谦县青稞种植大户，尝到甜头的他现在主要种植高原黑青稞，在白扎乡东日村有着近34公顷的种植面积。

背靠草原、手牵城区，交通便利、宜农宜牧亦宜商是玉树市扎西科街道办和巴塘乡明显的区位优势。依托交通推产业、利用市场谋产业，成就着甘达村和铁力角村典型的特色产业。通过经营超市、发展养殖、产品精细加工、马术表演、开办度假村等多元产业项目，玉树市在交通沿线布点着脱贫致富的多元实业。

西杭街道办坐拥商贸经济发达的城区，玉树市依托城区优势兴产业，积极打造城区扶贫的"扎西大同"模式。通过经营宾馆、交易市场、停车场、运输业等，过去的牧民现已兼具商人的身份。

"塘达"模式培育的农牧结合发展之路，已在仲达乡、安冲乡的多个村落地生根，丰富的种植业滋养着养殖业，农牧循环经济模式已如火燎原。"钻多"模式在广袤草原上大放异彩、高歌猛进，在这种成功经验的示范效应下，周边乡镇"畜"势勃发，小苏莽、上拉秀、哈秀、隆宝等乡镇生态畜牧业合作社股份制改革掀起大潮。交通沿线各村纷纷效仿甘达和铁力角模式，让便利的交通成为脱贫致富的阳光大道。新寨、结古的各村利用城区优势，在促进着城市经济发展的同时，贫困群众的收入和生活水平也稳步提高。

近年来玉树农牧业通过与企业对接，做好产业产权的发展和管理，建立健全各项运行机制，转变思想，将基础工作做实；加大对良种的繁殖和培育工作，科学养殖牲畜，对畜产品及奶制品的品种改良不断深入研究，并根据市场需求，进行品种分割，严格做好市场调研、定位和研发等后续工作。

2019年100多种具有浓郁高原特色的农畜产品在北京全国农业展览馆集中亮相，吸引了首都市民的关注。肉质鲜美的牦牛肉、藏羊肉，绿色有机的黑青稞、芫根、蕨麻，做工精巧的手工艺品……玉树州高原特色农畜产品推介展销会的成功举办，让更多人接触到了玉树特色农畜产品。以推介展销为体，拓宽玉树特色农畜产品销售渠道。把特色农牧业作为主导产业来发展，而玉树作为全省主要有机农畜产品生产基地，发展潜力巨大。

作为农牧大州，十年蜕变，玉树始终将农牧业作为基础产业和特色产业进行培育。认真落实强农惠农富农政策，全力抓好农牧区基础设施建设，大力改善农牧业的物质装备水平。抓好农牧业种养结构、区域发展结构、劳动力结构和农牧民消费结构的调整。

稳定土地草场承包关系，认真研究加快建立草场使用权合理流转的机制和办法，引导农牧民以转包、出租、互换、转让、股份合作等形式流转土地草场承包经营权，加快转变生产经营方式。

以推进农牧业经营体制机制创新为动力，促进农牧民增收、提高农产品有效供给为核心，充分挖掘扩大农牧业内涵潜力，支持发展农牧区各类经济合作组织，大力推进农牧业产业化进程，着力提高农牧业发展水平。

……

建设富裕文明和谐的新青海，必须坚定不移地发展特色经济。这也是玉树扬长补短，发挥比较优势，实现又好又快发展的必然选择。

## 牧业更强　牧区更美

成群的牛羊像珍珠洒向广阔无垠的草原，多少年来牧民们凭着自身单薄的力量，保护着他们的牛羊，和大自然的风霜雨雪疾病做着抗争；多少年来，在空旷深远的大山里，牧民们伴着粗重的呼吸，赶着牛羊组成了一曲曲似乎凝固的放牧之歌。

千年一瞬的巨变下，玉树农牧民的精神面貌在独有的特色产业中持续发力并带来可喜的变化。全州基础设施建设全面改善、社会公益事业全面发展、社会风貌得到根本转变，群众"两不愁三保障"问题得到根本解决。

如果说，玉树畜牧业是一列火车，那么特色指引着它的方向，产业则是它的车轮，而社会贡献就是它的润滑剂。这列火车承载着全州农牧民致富的梦想，疾驰在决胜全面小康之路上，带动着一个区域的全面发展。

伴随着脱贫攻坚这项"国字一号"工程的不断推进，一系列惠民富民强民政策犹如一阵强劲的春风吹遍雪域草原，温暖着农牧民的心田，玉树积年的特色产业已然解冻消融。

# 玉树畜牧业重振雄风的实践

《青海日报》记者：张多钧

畜牧业是青海玉树州的第一生计、第一支柱，是稳定的"压舱石"。玉树要发展、要改善民生、要保护生态环境，必须依托畜牧业，畜牧业是玉树发展的"牛鼻子"。

## 玉树畜牧业为何会走入"低谷"

玉树州畜牧业曾经也辉煌过。20世纪80年代，玉树州是全省主要畜产品供给地，有畜牧业大州的美誉。那时，全州牲畜存栏数曾一度突破800万头（只、匹），人均达40头（只、匹），畜牧业收入占农牧民收入的90%以上。辉煌过后，时至今日，玉树全州牲畜存栏数仅有240万头（只、匹），人均占有率不足7头（只、匹），畜牧业收入只占农牧民总收入的40%。

究竟是何原因让玉树州畜牧业"滑坡"，前后反差如此之大？

1984 年和 1995 年两场特大雪灾，玉树州畜牧业元气大伤，从此便一蹶不振。

三江源生态保护与建设工程实施，大量农牧民放弃传统主导产业离开草场，导致牲畜存栏量下降。

在玉树牧区，7~15 岁的孩子是家庭中的重要劳力，也是最好的放牧年龄，随着"两基"攻坚，这个年龄段的孩子们上学，玉树牧民不再养羊，玉树草原上的羊逐渐消失，全州 240 万头（只、匹）牲畜中羊的数量不足 20 万只。

玉树由于独特的地理位置，几乎各县都有虫草，当地人有这么一句话，"挖虫草辛苦一个月，一年吃穿不愁"，因此许多牧民便卖掉牲畜，闲置草场，在县城过着安逸的生活，每到虫草采挖季节，进山挖虫草。

藏獒也是导致玉树州畜牧业衰败的原因之一，被炒作成天价的藏獒，出售一只也许一辈子都衣食无忧。在这种巨大利益的诱惑下，牧民纷纷放弃主导产业，投身到藏獒养殖，最终藏獒经济破灭，牧民"一夜暴富"的梦也随之破灭，最根本的畜牧业也丢了。

## 玉树畜牧业"回温"靠什么

随着灾后重建全面完工，玉树州委、州政府意识到畜牧业作为全州的主导产业、命脉产业，应该是一个常抓不懈的产业。那么如何才能重振昔日畜牧业的雄风，玉树州提出了三年打基础、五年上台阶、七年大变样战略布局。

今年恰逢打基础的最后一年，玉树州畜牧业这 3 年来究竟是如何打基础的？打好的基础是否牢固？玉树州农牧科技局局长才仁扎西介绍，我们用 3 年时间给玉树州畜牧业做了一个"手术"，我们要追求的不仅仅是数量，更重要的是质量和效益。

才仁扎西口中的"手术"就是淘汰、串换、推广。为何要进行"手术"，还要从玉树畜牧业包产到户说起。牦牛包产到户后，一户的牦牛基本都是近亲繁殖，几代以后牦牛逐渐退化，出现了毛色不纯、个头矮小、牛角畸形等特征，牦牛整体质量下降，牦牛提纯复壮迫在眉睫。

淘汰就是对有这些特征的种畜进行淘汰，去年淘汰了 5.6 万头，今年已经淘汰了 6000 头。连续 3 年举办牦牛文化艺术节，艺术节上评比种畜，优秀种畜进行串换，如曲麻莱县和玉树市串换。2014 年全州串换 5600 头，今年已经串换 6000 头，以此保障牦牛的血统纯度。另外，推广野血牦牛，家中饲养的牦牛和野牦牛繁殖，将出生的野血牦牛一代、二代进行推广，3 年来累计推广 8000 多头。

通过这场"手术"，玉树畜牧业的"恶疾"得到缓解，牧民增产增收的目的实现了，以曲麻莱县红旗村来说，以前这里的一头牦牛价格在 5000 元左右，但是推广野血牦牛后，一头良种牦牛价格超过了 10000 元，有些野血牦牛的重量甚至是普通牦牛的一倍。

玉树州畜牧业"回温"还得靠政府的扶持。3 年来，玉树州扶持 100 个家庭牧场，18 个生态畜牧业合作社。全州上下形成的一个共识，就是小块农业区为牧业区服务，推动粮转饲，加大饲草料种植，为畜牧业发展提供后备保障，目前全州饲草料种植已经达到了 0.93 万公顷。

去年底，曲麻莱县建成了芫根饲草料加工基地并投入运营，这个加工基地是青南地区规模最大的饲草料加工基地，而芫根种植基地则是西北最大的芫根种植基地，接下来还要在治多、称多、杂多等县建立饲草料基地，让玉树畜牧业发展没有后顾之忧。

玉树畜牧业发展还要与精准扶贫、三江源国家公园建设结合起来。贫困农牧户纳入生态畜牧业合作社，精准扶贫资金扶持合作社基础设施建设和牲畜购置，生态畜牧业合作社轮牧轮休，可以有效地保护草场，这样既可以增产增收，又可以保护生态环境，达到了双赢。

## 畜牧业发展的"玉树模式"

俗话说，"一方水土养一方人"，但是在玉树来说也不尽然。从 1984 年至今，玉树州人口翻了三番，但是牲畜总量锐减到原来的三分之一，三江源生态保护与建设工程的实施，大部分草场也被划为禁牧区，草场面积也有所减少。

那么在人口增加、牲畜和草场锐减的背景下，玉树这一方水土如何养活一

方人，玉树给出的答案是走畜牧业转型发展之路。

打破以家庭为单元自产自销的单、散、弱、粗模式，从分散单一向集中规模转变，从传统粗放向现代高效转变，从一般牧户代牧向能人带动转变，从各自为政向联合发力转变，从自然经营向商品经营转变，从面向大众向瞄准高端转变。

玉树畜牧业联合集约之路，以股份合作为主体、多种经营并存的体制，大力发展股份合作模式、扶持能人代管模式、鼓励联户经营模式、支持大户经营模式，最大限度地把草场、牲畜、劳力等生产要素整合集中起来，形成牧业资源优化重组、牧民按技能重新分工、收益按股权进行分配、生产要素按市场进行配置的适度规模化经营格局。

玉树畜牧业的品牌效益之路，发挥玉树"三江之源""中华水塔"国家生态安全屏障的优势，打造畜牧业生态品牌、有机品牌、高端品牌、玉树品牌，把好生产加工各个环节的生态环保关，做大做强"玉树牦牛""扎什加羊"畜品牌产业。

玉树畜牧业产业集群之路，州有示范园区、县有产业园区、乡村有示范基地，建立州级现代生态畜牧业扶贫示范园，并形成产业链条，吸引畜产品生产、加工、销售、冷储、物流、科技等不同领域和功能的相关企业入驻园区，形成稳定的产、供、销和技术开发等协作关系。

玉树畜牧业发展的成功经验，集中体现在曲麻莱县叶格乡红旗村托俄俄加生态畜牧业专业合作小组，小组探索出了一条联合集约的生态畜牧业实践之路。小组是红旗村生态畜牧业专业合作社下设的 16 个股份制合作小组之一，小组 2011 年成立。成立之初仅有 16 户牧民参加，整合了牛 640 头、羊 1100 只，小组成立后就主动适应市场需求，调整完善思路，提高产出效益，仅去年就分红 29 万元，户均 7000 元。如今小组入社户数达到了 28 户，整合了牛 1000 头、羊 2000 只、可利用草场 1.2 万公顷。

小组的成功经验，就是合作小组采取股份制模式，结合群众实际细化作价定股的标准，将草场、牲畜和劳力作价入股。推选能人经营管理，充分发挥养殖大户在地方的带动效应，小组董事长既是村委会委员，又是中共党员，还是经营能人。集中经营解放劳力，改变了原来每家每户不论牲畜多少，劳力都被羁绊在草场上放牧的状况。对集约整合的草场、科学划分和分工牲畜和劳力，草场划分为夏季和冬季实行轮牧，并根据草质划分种畜和精畜草场。分红采取经营利润按股分配和食用冬肉平均分配相结合的分红方式，把每年 20% 的利润作为发展基金，80% 的利润按股分配给牧户，除了收益现金分红，合作小组每年还按照家庭人口多少，分别给牧户分配牛羊、酥油和曲拉。

托俄俄加生态畜牧业专业合作小组的经营模式是"风向标"，为玉树畜牧业发展提供了可借鉴、可复制的经验，相信玉树州畜牧业走转型发展之路、重振昔日畜牧业雄风指日可待。

# 玉树：全力建设生态畜牧业大州蹄疾步稳

《三江源报》记者：包利英

生态畜牧业是玉树州农牧民群众赖以生存和可持续发展的产业，是稳固脱贫攻坚成绩，实现乡村振兴、决胜全面小康的最重要抓手。

党的十八大以来，玉树州坚持"生态立州、绿色崛起"理念，统筹把握生态保护与经济发展之间的关系，紧紧围绕"农牧民富、农牧业丰、农牧区稳"三大任务，牢牢抓住"全力打造绿色有机农畜产品输出地主供区"的机遇，瞄准"高端""高品"做文章，围绕"绿色""有机"下功夫，积极应对风险挑战，砥砺奋进，生态畜牧业呈现稳中有进、进中向好的良好态势，全力建设生态畜牧业大州蹄疾步稳。

这十年，从怕雪到盼雪，靠天的被动局面被打破。很长一段时间，玉树传统的畜牧业无法解除"十年一大灾、五年一中灾、年年有小灾"的魔咒，到了冬天牧民最怕下大雪。十年里，政府着力解决牲畜缺草、多病和受冻问题，落实农牧业基础设施建设项目资金 8.2 亿元，建设牲畜暖棚 4928 幢 51.6 万平方米，贮草棚 5600 幢 22.4 万平方米，建设州级饲草料贮备中心 2500 平方米，六县市贮备站各 1000 平方米。玉树每年种植牧草 11 万亩，产量达到 1.2 万吨，调运储备饲草料 4 万吨。重大动物疫病应免尽免，牲畜疫苗接种和上市动物产品检疫率都达到 100%。

2019 年，抗击 60 年不遇的特重大雪灾取得决定性胜利，打破了靠天养畜的被动局面，实现了重灾无重创、大灾无大疫的目标，创造了因灾死亡牲畜数

接近正常年景的奇迹。如今，牧民不仅不怕下雪，反而盼着下雪，期待来年牧草长势更加喜人。

这十年，从弱小到强大，合作共赢的路子被认同。从 2008 年开始，玉树州试点建设以村为单位的生态畜牧业合作社，每村投入启动资金 20 万元，开

启了畜牧业发展的新纪元。十多年来，生态畜牧业合作社经历了从无到有、从小到大、从弱到强的发展过程，建成了比较成功的"红旗做法""同卡经验""钻多模式""车所样板"等示范社，实现了三要素整合率高、合作社规模大、畜牧业效益好的目标，起到了很好的示范引领作用，探索出了一条符合畜牧业发展规律、切合玉树本地实际、满足牧民群众需要的特色产业兴旺之路。

截至目前，全州共有村级生态畜牧业合作社 206 个，入社牧户 40939 户，劳动力 10.3 万人，牲畜 82.34 万头只匹，整合草场 1.24 亿亩。其中 36 个生态畜牧业合作社完成股份制改造，草场、牲畜和劳力"三要素"整合率分别达 82%、91%、77%，效益逐年显现，仅年底现金分红突破 3000 万元。

这十年，从无名到知名，牦牛的特色品牌显实力。玉树被农业农村部等 9 部门认定为中国特色农产品优势区，入选国家特优区，玉树牦牛和扎什加羊被列入国家家畜遗传资源名录，"玉树牦牛"等被列为青海农产品区域公用品牌，入选"中国农产品百强标志性品牌"，品牌影响力不断扩大，玉树连续 9 年举办了玉树牦牛节、优良种公畜评比、牦牛产业高峰论坛等系列活动。

2022 年 7 月，在首届中国（玉树）牦牛产业大会上，举行了"世界牦牛之都"申请仪式，发布了玉树牦牛区域公用品牌，宣读了首届世界牦牛可持续发展"玉树宣言"。玉树州获得中国肉类协会"中国牦牛之都"授牌，此次大会让玉树牦牛站在世界高度，整合世界资源，以品牌建设为战略抓手，以大格局、大传播、大影响，抢占世界牦牛制高点，打造生态优先"四生合一"（生态、生产、生活、生意）的"玉树模式"。玉树正在走上一条以国际视野和产业之都为发展坐标，打造世界贵稀牛肉的品牌之路。

这十年，良种的繁育推广有标准。多年来，玉树州高度重视畜种改良和优化工作，加大良种繁育力度，培育了"野血牦牛"和"扎什加羊"等知名畜种。全州建立了 7 个种畜场、20 个繁育基地，培育了 40 户野牦牛示范户，累计推广"野血牦牛"优良种牛 2 万多头，覆盖全州所有合作社、辐射省内外良种基地。累计推广优良种畜 2.03 万头（只、匹）良种串换 2.83 万头（只、匹）、杂畜淘汰 8.15 万头（只、匹），使全州牲畜品种选育工作逐步走向正轨。

这十年，绿色认证的工作见实效。培育省州级农牧业产业化龙头企业15家，专业合作社、家庭牧场100余家，开发农畜产品30余种，特色农畜产品加工转化率达到46.6%，产业化经营雏形基本形成。加大"三品一标"认证力度，顺利取得了"玉树牦牛""扎什加羊""玉树芫根""玉树黑青稞""玉树蕨麻"等5个农产品地理标志登记证书、12个绿色食品标志使用证书、3个有机认证证书，累计认证有机畜牧业基地663万多亩，有机牛羊104593头（只、匹），有机种植基地11.87万亩。

这十年，农业春耕秋收逐步实现现代化。全州耕地面积24.89万亩，各类农作物种植面积为22.72万亩，农作物种植指数达到91.28%。全州拥有各类农机具2118台（套），以农业村为单位农机具全覆盖，实现了耕地、播种、收割、运输等农业生产全过程机械化，结束了"人拉肩扛、二牛顶杠"的历史。

新征程上，玉树州将乘着国家乡村振兴的东风，吹响产业振兴的号角，踏上有机农畜产品输出地建设的征程，朝着重振玉树畜牧业雄风的目标挺进，以新的面貌、新的形象和新的作为，迎接党的二十大胜利召开。

遇见

才仁当智　画作

# 青藏高原的牦牛

吴雨初

## A：高原沧桑现牦牛

在中国国土的西部，有一片高耸辽阔的原野，我们称其为青藏高原。

青藏高原东西长约 2800 千米，南北宽 300 ~ 1500 千米，总面积约 250 万平方千米。南起喜马拉雅山脉南缘，北至昆仑山、阿尔金山和祁连山北缘，西部为帕米尔高原和喀喇昆仑山脉，东及东北部与秦岭山脉西段和黄土高原相接，横跨中国的西南和西北地区。这里是中国最大、世界海拔最高的高原，是相对于地球南极北极的"第三极"，雄伟壮观，被称为"世界屋脊"。

世界第一高峰珠穆朗玛就屹立在这里。

2020 年 12 月 8 日，中国国家主席习近平同尼泊尔总统班达里共同宣布，珠穆朗玛峰最新高程为 8848.86 米。

青藏高原有着丰富的水平地带和垂直地带，其地形上可分为藏北高原、藏南谷地、柴达木盆地、祁连山地、青海高原和川藏高山峡谷区等部分，包括中国西藏全部和青海、新疆、甘肃、四川、云南的部分，以及不丹、尼泊尔、印度、巴基斯坦、阿富汗、塔吉克斯坦、吉尔吉斯斯坦的部分或全部。

高原腹地年平均温度在 0℃ 以下，大片地区最暖月平均温度也不足 10℃。青藏高原一般海拔在 3000～5000 米之间，平均海拔 4000 米以上，高原海拔在 6000 米以上，为东亚、东南亚和南亚许多大河流发源地，其中，长江和黄河就发源于此。高原上更有诸多咸水湖泊，如：色林措、纳木错、青海湖等，碧波荡漾，风光无限。辽阔的原野大地在湖泊之间伸展开来。

青藏高原是世界上最年轻的高原，但它并不是从一开始就是高原。

大约在 2.8 亿年前，这里还是波涛汹涌的海洋，被称为"特提斯海"或"喜

马拉雅海"。2.4 亿年前由于板块运动，分离出来的印度板块向亚洲板块移动、挤压，其北部发生了强烈的褶皱断裂和抬升，促使昆仑山和可可西里地区隆升为陆地。随着印度板块继续向北插入古洋壳下，并推动着洋壳不断发生断裂，约在 2.1 亿年前，特提斯海北部再次进入构造活跃期，北羌塘地区、喀喇昆仑山、唐古拉山、横断山脉脱海成陆。随着印度板块不断向北推进，并不断向亚洲板块下插入，青藏高原在此上升阶段中形成。青藏高原的形成并不是一次就完成的，其抬升过程不是一次性的猛增，也不是匀速的运动，而是经历了几个不同的上升阶段。每次抬升都使高原地貌得以演进。其上升速度有时非常迅速，但也曾几度欲要停止。

青藏高原拥有巨大的山脉体系，由一系列的山系和高地组成。由于高原在

形成过程中受到重力和万有引力的影响，所以高原面发生了不同程度的变形，使整个高原的地势呈现出由西北向东南倾斜的趋势。

近 300 万年前，这里的海拔也只有 1000 米左右。当时这里的气候温润潮湿，是一片美丽的海洋，碧波荡漾，暖风徐徐，海洋动植物繁盛，海岸森林茂密，植被丰富，是犀牛、大象、三趾马等大型热带动物的乐园。但在最近的 200 万年内，喜马拉雅造山运动使这一地区多次隆升，逐次达到 2000 米、3000 米、4000 米乃至更高。

今天，我们在海拔 5000 多米、距离海洋数千公里的藏北高原，还常常可以捡到古代海洋留下的贝壳和海生物化石，它们蕴藏着遥远地质年代的生态信息。

沧海桑田，高原崛起，风雪弥漫，气候寒冷，森林消失，那些热带动物逐渐从这里消失了。

但有一种动物却在此时出现，或者说存留下来了，就是牦牛。

目前还很难判断牦牛是最初与那些大型热带动物一起存在，还是在那些热带动物消失之后出现的。但有一种推论，当时有一种大型动物披毛犀牛，其巨大的犀角横扫雪野，看起来很像是与野牦牛有着某种关系。野牦牛的祖先原始野牛曾生活在距今约 300 万年前的早更新世到距今 1 万的全新世活动，在中国的云南、西藏、青海等地。随着青藏高原的不断升高，动物生存环境不断寒冷，野牦牛的披毛不断加长、绒毛不断加厚，与其他野牛的差别也不断加大，青藏高原的这一系野牦牛不断适应高原的气候环境，顽强地生存了下来。

有的牦牛专家们认为，大约在上新世后半期到更新世，距今 200 万年时，牦牛的祖先——原始野牦牛出现了。有的专家则认为，从更新世地层中出土的化石证据看，大约 250 万年以前的第四纪晚期，在欧亚大陆东北部广泛分布着的"原始牦牛"早已灭绝，我们现在也很难想象最初野牦牛的模样。此后存在的这一系野牦牛在青藏高原存活下来，并一直生存到今天。虽然我们不能窥见它们的模样，但在西藏牦牛博物馆陈列着一具野牦牛头骨，是从改道之前的黄河古河床出土的。经北京大学加速实验室碳 14 鉴定，其年代超过 45000 年，其头骨角骨巨大，可以推断当时的原始野牦牛的体格是远远大于今天的野牦牛的。

由此可以认为，野牦牛肯定是早于人类存在于青藏高原的，很可能在一段相当长的时期内，它是青藏高原的主要物种，或者说，它就是青藏高原的主人。

今天的青藏高原仍然生存着为数不少的野牦牛。据国际野生动物保护学会乔治·夏勒、米勒等人和西藏林业调查规划研究院刘务林以及中国科学院冯祚建等有关科学家 20 世纪 90 年代的调查，青藏高原的野牦牛总数近 15000 头。随着中国野生动物保护法的实施，尤其是在野牛动物较多的三江源地区设立国家公园等举措，近年来野牦牛数量有增长的趋势，存有 20000 头左右。它们足中国国家一类保护动物。

野牦牛的主要栖息地在海拔 4000～5000 米，甚至 6000 米的高山草甸区，分布在西藏、青海、甘肃等省区，那里气候恶劣，高寒缺氧，人迹罕至，只有野牦牛才有那么顽强的生命力在那里生存繁衍。

野牦牛身躯硕大，身长一般在 2.5 米以上，肩高在 1.8 米以上，一般体重在 1000 公斤甚至更重。它们是青藏高原乃至中国现存的最大的有蹄类动物。野牦牛非常强壮，周身肌腱发达，身披长毛，特别是腹部长毛几乎可垂地。野牦牛气管短粗，胸部发达，所以能够有效增加吸氧量。野牦牛的血细胞大小，只有普通牛的一半，而每单位体积的数量却是后者的三倍以上，这就大大增强了细胞的携氧能力。它们还有着发达的毛发系统和少量的汗腺，能特别有效地保持体温，尽可能减少热量损失。野牦牛一般有 14 对肋骨，比其他牛种多出一对甚至两对。野牦牛皮质坚硬，防御性极强，有的高原牧民会将死后的野牦牛的皮张当成砍肉的菜板。野牦牛的古面有一层肉齿，能舔食粗硬的植物，舌头同时也是它的武器，它发起怒来，用舌头舔一下敌方，就能够把对方皮肉撕卷一层。有的高原牧民还会将晒干的野牦牛的舌面作梳子，可见它的舌面多么特别。

野牦牛的双角粗大、尖锐、威武，美术家们常常将此作为"雄风"的象征。野牦牛角似钢铁般坚硬，极具攻击性，是野牦牛抗击外敌最有力的武器。野牦牛通常稳重沉默，不主动发起攻击，但在遇到袭击和危险时，它不会选择逃窜，而是迎敌而上，十分凶猛，力大无比，能够将奔驰中的越野车拱翻。

在著名博物学家乔治·夏勒博士看来，野牦牛才是青藏高原地区的象征符号。

在野牦牛的家族中，有一个小品种非常特别，就是活动在阿里地区日土县北部高地的金丝野牦牛。这里的海拔多在 5000 米以上，一年中多数时间被冰雪覆盖。金丝野牦牛浑身长满金黄色的长毛，在阳光照耀下熠熠生辉，金光闪闪。金丝野牦牛通常不与其他色泽的野牦牛合群，它们自成一体，行走在高耸陡峭的山峰和雪野。金丝野牦牛的警惕性很高，嗅觉极为灵敏，非常难以接近，通常难觅其踪迹。现代摄影家们只能用预埋的红外线摄影装置，捕捉它们神秘的身影。金丝野牦牛这个种群仅有 200～300 头，可谓野牦牛当中的"贵族"，因此十分珍贵。

藏族古代卜辞说："在三棱的雪山上，野牦牛站立着，永远是雪山之王！"

野牦牛品种优良，血脉高贵，如何把野牦牛的基因传续到家畜牦牛当中去，用来解决家畜牦牛的品种退化问题，这引起了牦牛科研专家们的极大兴趣。

## B：凶猛野牛成家畜

现存的野牦牛是家畜牦牛的野系近亲。家畜牦牛是从野牦牛驯化而来的，这已经基本成为专家们的共识。

但生活在高原上的古代藏族人民是在什么年代，又是如何把凶猛的野牦牛驯化成为家畜牦牛的，是一个极具吸引力的话题。

在藏语里，野牦牛称为"仲"，家畜牦牛称为"亚克"，英语中牦牛"yak"与藏语"亚克"发音相同。从"仲"到"亚克"，即从野牦牛到家畜牦牛，应该是一个漫长的过程。

西藏牦牛博物馆里有三幅唐卡画作，称为"藏族与牦牛三部曲"，第一幅《猎杀》，第二幅《驯化》，第三幅《和谐》，以想象的方式描述了人类驯养牦牛的过程。

一般认为，青藏高原上的藏族同胞将野牦牛驯化成家畜牦牛，应该在是距今 3500～4500 年。

正是在这个年代，出现了藏族人与牦牛同处一幅岩画上，在藏北高原，青海省三江源等地区，都发现有大量此类题材的岩画。

也是在这个年代的考古遗址内，发现了与牦牛相关的残存物，例如骨针等，在西藏卡若遗址、曲贡遗址都有类似发现。

在曲贡遗址有兽骨出土的 35 个探方和 16 个子灰坑中，绝大多数都有牛的骸骨、牙齿或角心骨，负责曲贡遗址材料鉴定的考古学家，学者们分析认为，其中有一支较完整的角心骨具有牦牛角的典型特征。曲贡遗址出土的牦牛标本显然属于家畜。因此，家牦牛的驯养历史可以说是早在距今 3700 年前已经开始，当时西藏拉萨地区的居民已经驯养了牦牛。而在青海都兰出土的牦牛形象的小陶塑，有可能是家牦牛的形象。都兰县出土的文物中，还有牦牛毛编织的毛绳、毛布，牦牛皮制作的革履和工艺品，其年代应在殷周之前。

也有新的研究结果发现，早在距今 7300 年前，野牦牛就已经被驯化成家畜牦牛了。这是中国兰州大学科研人员联合英国、荷兰研究人员，通过基因测序和比较所发现的，相关成果发表在英国《自然－通讯》杂志。驯化牦牛是早期人类迁徙高海拔地区的一个重要事件，此前一般认为牦牛驯化时间可能在大约 4500 年前。但这次最新研究表明，野牦牛驯化时间要比原先估计的提早 2800 年。科研人员通过基因测序及比较中国 26 个地区野牦牛和家养牦牛的全基因组遗传变异图谱分析发现，青藏高原上的人们在 7300 年前新石器早期就驯化了野牦牛，驯化数量在 3600 年前增长了约 6 倍。这一时段正是人类向高海拔地区扩张的时间。野牦牛的驯化时间与人类在当地的定居扩张时间重合。家养牦牛基因组中表现出遗传选择的迹象，而这些选择可能影响了动物的行为，尤其是其温顺性。

有关于此，我们只能期待科学界进一步的发现、研究与共识了。

那么，高原藏族先民是怎样驯化野牦牛的呢？

据传说，早在吐蕃第一代天王聂赤赞普时（约相当于公元前的西汉时期），野牦牛还没有被驯化，西藏经常发生野牦牛危害人类生命损害财产的事情，聂赤赞普为此非常不安，要求管理民事的大臣设法解决，大臣到民间多方寻访驯化野牦牛之术，后从一位老人那里得知，在捕获的野牦牛鼻孔的最软处打一个洞，用柏木棍穿洞而过，然后将两头弯过来扎紧，再拴上绳子，就能够把凶猛的野牦牛制服。这个传说与藏北的岩画所表现的驯牛场景非常契合。这也可以看作是驯化的开始。

传说中还有垒起土墙，把野牦牛引入围墙，再用绳索套住，进行驯化；也有的是把野牦牛的小牛犊擒获，自幼进行家养。

总之，一代一代的先民们想出各种方法，甚至是我们现在难以想象的方法，在漫长的时间里，逐渐把野牦牛驯化成家畜牦牛。

从"仲"到"亚克"，从野牦牛到家畜牦牛，这个驯化过程显示出高原藏族先民的勇敢与智慧。面对如此凶猛的庞然大物，通过观察、实验与搏斗，最终将其驯化为温驯的家畜，其中的艰难、危险是难以想象的。

可以认为，将野牦牛驯化为家畜牦牛，是藏族由一个自在的人类族群成为一个自为的人类族群的标志性事件。

在藏族古代文学作品，对于力拔山河的英雄的赞美，往往会用能够驯化并骑行野牦牛这样的描述。

在驯化后的几千年里，家畜牦牛的体格发生了极大的变化。今天的家畜牦牛与野牦牛相比，体格要小很多，几乎只有野牦牛的一半；犄角也变得平直了许多，不再具有野牦牛犄角那种强烈的攻击性；家畜牦牛的力量也相对变小了。经过驯化的牦牛，性情也发生了很大的变化。因为它一出生就得到牧人的照料，就有牧人与它交流，它们与人类沟通、默契和亲昵的程度大大提高，从视人为敌，变成了视人为友，从恐惧人类，到服役人类，最终成为高原藏族人民的亲密朋友。

但也有专家认为，迄今为止，牦牛仍然是一种并没有完全被人类驯化的野生动物。

# C: 文史典籍话牦牛

牦牛专家研究认为，家牦牛起源于中国，主产于中国，无论从历史渊源、地域分布、民族形成、考古实证、文字记载，都有充分的证据表明，中国是牦牛的发源国，同时也是牦牛文化的发源地。

在青藏高原的古老传说中，当世间第一缕阳光照耀到神山岗仁波切时，就有了第一头牦牛。在藏族的创世传奇民歌当中，牦牛的头颅变成了高山，牦牛皮铺开变成了大地，牦牛尾巴变成了江河。藏族创世纪神话《万物起源》中说："牦牛的头、眼、肠、毛、蹄、心脏等，变成了日月、星辰、江河、湖泊、森林、山川。"

《吐蕃历史文书》记载的藏族人远古传说中："在天地中心之上，住着六父王天神的王子弃瑞已，他有三兄三弟，连他共计七人，弃瑞已的第三子为聂赤赞普，他到下界为人主……做了六牦牛部的王。"这里说的就是吐蕃王朝第一代天王聂赤赞普的故事，其时大致相当于公元前 120 余年的西汉时期。今天在山南市泽当镇的西藏第一座宫殿雍布拉康的壁画上，还绘有六牦牛部的场景。

有学者曾经对《东北藏古代民间文学》一书中的占卜部进行统计，其所载31条卦文中，包括牛的有8条，提到与牛相关星宿的有2条，有学者认为，卦文和诗歌里的"牦牛"，所指的就是吐蕃王朝之前与之并重的古代象雄王朝。

藏族史料还记载："莲华生初进藏，从尼泊尔入境时，雅拉香波山神现原身，化作一头雪白的牦牛，像一座大山，吼声如雷，震得山崩地裂，结果被莲华生降服，成为佛教中的护法神。"

古藏文《于阗授记》一书记载，于阗国王不信佛，下令比丘离开家乡，这些比丘在寻找路径时，看见一头背上驮有东西的白牦牛，这头牦牛便是神的化身，于是僧人跟随白牦牛进入吐蕃。西藏古代一些著名的土著神灵如雅拉香波山神、冈底斯山神等都化身过白牦牛。另外，一些土著神的坐骑也都是牦牛。例如，十二丹玛女神之一的勉几玛骑的就是一头白牦牛，而只要化身牦牛或与牦牛有联系的神灵，往往是最原始的土著神。著名的米拉日巴大师也用牦牛角施行法术，牦牛角可以与尊者对话，尊者还可以钻进牦牛角中去。

藏文史书《王统世系明鉴》记载，止贡赞普与大臣罗旺达孜决斗，罗旺用计杀死了赞普，篡夺了王权，命止贡赞普的王妃牧马，王妃在牧场牧马时梦见与雅拉香波山神化身的一位白人交合，醒来之后却看见一头白牦牛从身边走开。此后王妃就生下一个血团，把血团放到一个野牦牛角里，孵出一个儿子。这个孩子就是日后西藏历史上著名的茹列吉（意思是"从角中生出的人"），是传说中第九代藏王布德贡甲的大臣。此人发明了制造木犁、冶炼铜铁、烧炭、熬胶等技术，被誉为藏族早期历史上的"七贤臣"之一。

在藏族英雄史诗《格萨尔王传》中，也记载了很多人与野牦牛战斗的故事。格萨尔用神兵收服红铜角野牦牛后，"拿野牦牛的头和角，作了霍尔黑魔姜国门国等的招魂物，把它们放在奔木惹山的北方，向毒蛇奔跑的地方，以降服四方妖魔，降服十八大城"。

16世纪的《旦巴曲拉传记》手抄本中记载，早期阿里的贵妇们出行喜欢骑乘白色的牦牛，以显示自己出身贵族家庭。

在中国先秦历史汉文典籍中，更早地出现了关于牦牛的记载。

在古代汉文中，"牦""旄""犛"，都是指的牦牛。《山海经·北山经》记载："（潘侯之山）有兽焉，其状如牛，而四节生毛，名曰旄牛。"应为汉文中关于牦牛的最早记载。

《山海经·中山经》记："东北百里曰荆山。其阴多铁，其阳多赤金；其中多犛牛……"晋郭璞注"犛牛"曰："旄牛属也，黑色，出西南徼外也。"《山海经·西次二经》记有人面牛身，四足一臂操杖以行的神，传说伏羲和炎帝均长牛首。《山海经·中山经》记："东北百里曰荆山。其阴多铁，其阳多赤金；其中多犛牛，多豹虎……"《说文》记："旄，牛尾也。"按，牦牛、旄牛通用，扬州贡品之"旄"，或为牦牛尾。段玉裁注《说文解字》卷二谓："忧、氂、旄三字同音，故随用一字。"《周礼·春官·旄人》记："乐师有旄舞。"《吕氏春秋·仲夏记·古乐》中记："昔葛天氏之乐，三人操牛尾，投足以歌八阕。"可见当时牦牛舞或用牦牛尾为道具的舞蹈，已经进入宫廷仪式了。《吕氏春秋·本味》记："肉之美者……旄象之约。"约，即尾，可能所称即牦牛尾汤。

明李时珍《本草纲目·兽二·犛牛》记："犛牛出西南徼外，居深山中野牛也，状及毛、尾俱同牦牛。牦小而犛大，有重千斤者。"又，"犛者，氂也。其氂可为旄旗也。其体多长毛，而身角如犀，故曰毛犀。"该条目还记："牦牛出甘肃临洮，及西南徼外，野牛也。人多畜养之。状如水牛，体长多力，能载重，迅行如飞，性至粗梗。髀、膝、尾、背、胡下皆有黑毛，长尺许，其尾最长，大如斗。亦自爱护，草木钩之则止而不动。古人取为旄旗，今人以为缨帽。毛杂白色者，以茜染红色。"李时珍所称犛牦之别，很可能就是野生牦牛与家畜牦牛之别。

《国语·楚语上》曰："巴浦之犀、犛、兕、象，其可尽乎？"

《书·牧誓》记："王左杖黄钺，右秉白旄以麾。"

《诗经·小雅·出车》记："设此旐矣，建彼旄矣。"

《荀子·王制》记："西海则有皮革，文旄焉，然而中国得而用之。"唐杨倞注曰："旄，旄牛尾。文旄，谓染之为文彩也。"

从先秦典籍看，上古时代，牦牛已经进入旌旗装饰、宫廷乐舞、官人仪仗和烹调美食。所以有学者认为，当时无论是牦牛还是别的牛种，都具有超越人类的力量，成为一种不同族群的跨文化的图腾和崇拜。

公元前221年到公元220年的秦汉时期，中国西北和西南牧区已经把牦牛作为主要家畜进行繁育，生产肉、乳、毛等产品。公元前100多年，汉武帝遣司马相如略定西南夷，增置沉黎郡，牦牛国为其附属国。

除藏族外，纳西族、部分彝族等其他民族也进行了牦牛的驯养。

那时，牦牛有多个品种，分布较广，包括现今的甘肃、宁夏、内蒙古、陕西、湖北、湖南、四川、云南、贵州、西藏，而牦牛之种则多分布于"西南徼外"之地，就是现今的四川、云南、贵州、西藏。

## D: 万千牦牛种群地

世界牦牛的总量，难以准确统计，约为1600万头。除主产国中国外，其余主要分布在蒙古国、俄罗斯、吉尔吉斯斯坦、塔吉克斯坦、尼泊尔、印度、不丹、锡金、巴基斯坦等国家和地区。另据近年的报道，瑞典、美国等地也有少量牦牛被引进和养殖，还有一些国家把牦牛引进动物园，作为观赏动物，如20世纪初，法国曾把牦牛引进巴黎的动物园。

其中，蒙古国约有牦牛存量80万头，俄罗斯约有牦牛5万头，吉尔吉斯斯坦约有牦牛2万头，尼泊尔约有牦牛及犏牛3万头，不丹约有牦牛3万头，印度约有牦牛4万头，巴基斯坦约有牦牛2万头，阿富汗约有牦牛0.25万头。这些国家和地区共计牦牛存量为100万头左右，约占世界牦牛总量的6%。

牦牛分布的地区，具有海拔高（2500～6000米），气温低（年均低于0摄氏度），昼夜温差大（15摄氏度以上）牧草生长期短（110～133天），辐射强（年辐射量超过140～195KJ/CM$^2$），氧分压低（110毫米汞柱以下）等特点。

中国牦牛总量约为1500万头，约占世界牦牛总量的94%。中国的牦牛主要分布在青海、西藏、四川、甘肃、新疆、云南等省区，此外在北京、河北、内蒙古等省区市也有少量牦牛。

### 青海省

青海省是中国牦牛存量最多的省份，2016 年底约为 488.4 万头。主要分布在玉树、果洛、黄南、海南 4 个藏族自治州，其中又以玉树藏族自治州为最多，是该州的支柱产业。青海牦牛的主要品种为青海高原牦牛、青海环湖牦牛，大通牦牛（兰州畜科所培育品种）。

### 西藏自治区

西藏自治区是中国牦牛的主要产区，牦牛存量约 455 万头，全区七个地市都有分布，以藏北那曲市为最多，约 186 万头，次为昌都，约 110 万头。西藏牦牛的品种较多，如帕里牦牛、斯布牦牛、类乌齐牦牛、西藏高山牦牛和娘亚牦牛。

### 四川省

四川省牦牛夏存量为 400 多万头，主要分布在甘孜、阿坝等州，少量分布于凉山州。四川牦牛的主要品种有九龙牦牛、麦洼牦牛。

### 甘肃省

甘肃省牦牛存量约为 132 万头，主要分布在甘南藏族自治州的七县一市，以及天祝藏族自治县，其他市县也有分布。主要品种有甘南牦牛、天祝白牦牛。

天祝白牦牛是世界稀有而珍贵的牦牛品种，是经过长期自然选择和人工选育而形成的独特品种，现在存量大约为 5 万头。

### 新疆维吾尔自治区

新疆维吾尔自治区约有牦牛存量 22 万头，主要分布在巴音布鲁克等地区，其品种称为巴州牦牛，来源主要是现当代从西藏、四川、青海等地引进的，品种有九龙牦牛、大通牦牛和天祝白牦牛。

### 云南省

云南省牦牛存量约有 8 万头，主要分布在迪庆藏族自治州，主要品种为中甸牦牛。

以上提到多个牦牛品种，对于非专业人士而言，牦牛就是牦牛，大同小异；但对专业人士而言，牦牛品种的分类与研究非常重要。专家们将中国牦牛分成大致 17 个品种类别，包括：天祝白牦牛、帕里牦牛、九龙牦牛、中甸牦牛、甘南牦牛、西藏高山牦牛、青海高原牦牛、娘亚牦牛、麦洼牦牛、木里牦牛、斯布牦牛、巴州牦牛、金川牦牛、昌台牦牛、环湖牦牛、雪多牦牛、类乌齐牦牛。如果按各地方牧业专家的说法，可能还会分出更多的品种。例如，西藏藏

北西部有一种与野牦牛杂交的牦牛品种，当地人称为"仲扎"；西藏措美县哲古草原也有一个独特的品种，叫作"嘎苏牦牛"。

不同的牦牛品种，与其基因遗传、气候水土、牧草品种有极大关系，高原牧民似乎有一种天然能力，可以识别牦牛的长相与山川河谷的关系。

牦牛品种的分类与研究，是牦牛专家赖以指导牦牛产业的基本理论依据。

根据牦牛的解剖学特性、生理生化特性、生物学特性、细胞学特性，分析牦牛地方品种的遗传资源，分析每一个品种生存的海拔、气候、土壤、水质、牧草，分析该品种的形成和迁徙历史，由此产生的外观特征、性情特点和机体性能，肉乳特质、毛绒特质等，专家们据此提出牦牛品种改良、发展、提高质量、发展牦牛产业的指导意见。

## E: 科学研究探牦牛

中国是牦牛主产区，但有关牦牛的科学技术研究，却起步较晚。20 世纪 50 年代之前，只有个别的中外学者进行了不多的现场调查，对传统经营管理状况做了描述。20 世纪 40 年代，中国现代畜牧兽医学术和教育界的老前辈陈之长和许振英率先进入中国牦牛生产区，对牦牛、高寒草原进行了为期 3 个月的考察，撰写了《西康省畜牧兽医考察报告》，后与美国专家再次考察牦牛产区，根据这些考察材料，撰写了《牦牛、犏牛初步调查报告》，这应该是最早的牦牛科研成果，主要是一些基本状况的现场调查和传统经营管理状况的描述，现代畜牧科技还没有进入牦牛生产领域。

"文革"前，也只有原甘肃农业大学、西北畜牧兽医学院、西北畜牧兽医研究所、四川农学院、西南民族学院等不多的机构和学者进行了牦牛研究和试验。当时苏联对牦牛的研究和在牦牛产区新技术的推广应用，都处于世界领先地位。中国高校畜牧专业有关牦牛的教材，也多来源于苏联学者的研究成果。

"文革"后，牦牛相关的科学技术研究发展迅速，西南民族学院（现西南民族大学）、中国农科院兰州畜牧所、甘肃农业大学、青海畜牧兽医学院、新疆生产建设兵团畜牧所、西藏畜牧所的畜牧科技人员，协同合作，组织调集畜牧科研力量，对牦牛资源调查、杂交改良、饲养管理、疾病防治、草原建设、生态保护等多方面进行了广泛深入的研究，开创了以牦牛为主题的专业学科，取得了一系列重要的牦牛科研成果，成立了中国牦牛科研协作组，建立了全国牦牛科研协作机制，形成了中国第一次牦牛科学技术研究热潮，推出了一批科学技术著作，1980 年创办了《中国牦牛》杂志，出版了由张容昶教授主编的第一部牦牛专著《中国牦牛学》，1994 年召开了第一届国际牦牛研究学术讨论会，此后陆续召开多届。在陆仲璘、蔡立、钟光辉、张容昶、余四九、钟金城、韩建林等教授带领下，一批年轻的牦牛科研学者迅速成长，著述甚丰，为牦牛产业的发展作出了重要贡献。近 30 年来，中国牦牛的研究、技术开发与推广，都走在世界前列。

这一阶段的科学技术研究获得显著成果，主要有：

明确了中国的牦牛资源，筛选出了九个优良牦牛地方类群；将冷冻精液人工授精引入青藏高原，进行了多品种之间的杂交组合；牦牛营养与饲料、牦牛医学、牦牛繁殖与生理、牦牛分子遗传学研究、DNA、微卫生、免疫遗传等新技术成功应用于牦牛养殖；兰州畜牧所成功建立了世界上第一个野牦牛公牛站，采用导入野牦牛基因，改良复壮家牦牛，创建了配套的"牦牛复壮新技术"；并且在改善饲养管理、疾病防治、品种选育、牦牛血液制品开发等领域获得了丰硕成果。

一批牦牛科学技术研究者，成为专家、博士、教授，更有许多基层科研人员成为牦牛科研的主力。

近 30 年来，中国牦牛科研协作组及其主要成员单位中国农业科学院兰州畜牧与兽医研究所在本领域成果显著，获得多项科研成果，其建立的世界上第一个野牦牛公牛站，培育的"大通牦牛"新品种是世界上第一个牦牛培育品种，是牦牛领域取得的重大科研成果。该所还于 2019 年出版了《中国牦牛》一书，该书是"十三五"国家重点图书出版项目，由阎萍、梁春年主编，中国科学院院士吴常信作序，全书 87 万字，是迄今为止最为全面的一部牦牛学著作。

专家认为，由于 90% 的牦牛分布于青藏高原，因其特殊的自然条件，牦牛作为该地区的标志动物，其技术发展将会具有多学科的特点和明显的国际性；由于 90% 的牦牛生产经营者是藏族，牦牛科技的发展将具有更浓厚的民族性和群众性；由于牦牛所具有的生物学特性，牦牛技术发展将具有突出的超前性和创新性；由于牦牛采食于高原牧场，牦牛的采食方式对草原的破坏相对较轻，牦牛技术发展成为关键的经济生态学的重要因子；牦牛技术发展必将提高牦牛业的经济收入，对于高原人民脱贫致富起到重要作用；由于牦牛生活的高寒草地几乎没有任何有害烟尘、重金属、农药化肥的污染，牦牛技术发展将具有十分突出的环保绿色特征；牦牛生存的草原将发展以旅游休闲、探险、考察等为主的第三产业，牦牛的属性中作为景观动物的比重有可能扩大，牦牛生产将会由数量型畜牧业向效益型畜牧业转化。

## F：人文学科论牦牛

关于牦牛的研究，甘肃教育出版社 2001 年出版的《世界牦牛文献索引》，其中收集目录约 4000 条，其中绝大多数为自然科学类的畜牧兽医科，人文学科的文章当时还不多见。

人文学科与牦牛相关的研究，应该始于考古发现及其研究。

1973 年，甘肃省天祝藏族自治县哈溪镇出土了一件铜质古物，当时的县文教科工作人员，即甘肃省天堂寺第六世活佛、后被西北民族大学博士生导师多识先生发现，这是一件极为重要的牦牛青铜器。这是一件硕大的古器，其身高为 0.7 米，背高为 0.51 米，角长为 0.4 米，体重 80 公斤，是中国出土的第一件牦牛造型的青铜器。该青铜器形体结构严谨、准确，古拙、雄浑、质朴、凝重，生动、逼真，冶炼技术高超，经文物部门鉴定，为唐代即吐蕃时期所铸造（后来学界有观点认为其年代应更早，可能为汉代），被列为国家一级文物。当其入展甘肃省博物馆新馆时，观众纷纷赞叹道，到甘肃博物馆一定要看"一马一牛"，马即马踏飞燕，牛即青铜牦牛。

牦牛成为艺术，甚至可能是宗教重器，其所含意义引起了多方专家学者的重视。首先是它的历史价值。铸造如此精美的青铜器，其铸造技术应该处在相应的历史时期。而牦牛作为其铸造主题，又有着文化或者宗教的选择意义。

此后，考古学界，如四川大学霍巍、李永宪教授，陕西考古研究院张建林教授带领的团队，以及青海、西藏等省区的考古工作者，在青藏高原多处发掘中发现了与牦牛相关的器物，每一次发现都会引起学界的思考与研究。这些研究涉及领域很广，包括古代政治、经济、军事、文化，以及生产、生活、民俗、生态、艺术等。

一个重要的话题就是，在青藏高原，是否存在一种可以称得上"牦牛文化"？

近 20 年来，有关牦牛文化的研究及成果不断出现。主要有：牦牛与考古研究、牦牛岩画研究、牦牛壁画研究、牦牛唐嘎研究、牦牛图腾研究、牦牛与族群研究、宗教仪轨中的牦牛研究、典籍中的牦牛研究、牦牛与藏医药研究、牦牛与民俗研究、牦牛与民间文学研究，相关研究涉及多个学科、多个领域，相关研究成果不断出现。其中比较引人关注的有：

谢继胜所著《牦牛图腾型藏族神话探索》；林继富所著《藏族宗教仪轨中的牦牛》；杨明所著《青藏高原的牦牛文化——牦牛图腾》；苏永杰所著《牦牛与藏民族文化》；李永宪所著《青藏岩画的牦牛图像分析》；刘德川所著《牦牛图腾问题浅探》；伊尔·赵荣璋所著《牦牛青铜器与牦牛文化》；才让当智所著《牦牛在医药学中的作为》……

藏文所著与牦牛文化相关文章更多，有学者正在致力于撰写《牦牛文化史》。有关牦牛文化的英文文章也不在少数。

中央民族大学博士果毛吉在对青海、西藏等地实地考察基础上，编著了《牦牛地名考》，青藏高原上与牦牛相关的地名，达 2000 多处，江河如"哲曲"，即母牦牛河即长江；山名"仲日"，即野牦牛山；县名"比如"，母牦牛部落；县名"仲巴"，野牦牛之地；县名"巴青"，大牦牛毛帐篷；乡名"亚拉"，即牦牛山……

谢继胜认为，牦牛是高原上主要的役用畜和食用畜，牦牛成为图腾的过程，也就是它被藏族先民驯化成家畜的过程。……通过对诸多牦牛图腾的分析证实了藏族的牦牛图腾制，然后分析了在藏民族聚居区牧区各地以及藏文史籍中出现的几个牦牛图腾型族源神话，并用古代卜辞及藏民族聚居区边沿地带和其他民族的古神话作为反证，证明牦牛图腾与图腾族源神话是藏族的古代图腾及族源神话之一。

刘德川认为，在现实层面上，牦牛影响了藏民族物质生活的方方面面，在信仰层面上，它几乎渗透到了藏民族精神生活的每一个领域，在物质和精神层面上的历史的和现实的有机联系，使它从一个普通动物进而成为藏民族的崇拜对象，甚至在一定时期的一定地域内还被某一部分藏族先民奉为图腾圣物。

才让当智写道："牦牛作为高原人类的生产伴侣和财富源泉，始终行进于高寒辽阔的青藏高原上，世世代代都是高原人类勇往向前的路标楷模，不断为高原人类提供精神追求和生存动力，不但以自己天生坚忍不拔之特质滋养着高原人类经受磨难、坚强不屈、乐观进取的特异气质，以雪域之舟高远的胸襟包容万物、吐故纳新、坚守性情，展示雪域人类坦荡明晰胸怀中志愿成就前世来生的远大理想，而且还以自己似雪域雄狮一样强壮的体质、热烈似火的燎原性情和似天地宽厚的容忍情怀，为世代生活在寒冷高原的坚强人类带来温暖热情，抚慰心灵，振奋精神，开阔眼界。"正是有牦牛高贵气质的相依相随，才使高原人类具有别具一格的生态文明习惯和与众不同的无量慈悲情怀。

可见，牦牛文化，已经被学界普遍认可。

2014 年 5 月 18 日，国家文物局原局长、故宫博物院原院长单霁翔先生参加西藏牦牛博物馆开馆仪式，称该馆为"国内填补空白、世界独一无二"，在致辞中他赞叹"牦牛文化的确博大精深"。西藏牦牛博物馆认为牦牛驮载着西藏的历史和文化。

同年，出西藏牦牛博物馆组织、娘吉加先生主编、才让当智先生作序的《感恩与探索：高原牦牛文化论文集》出版。


## G: 千姿百态牦牛风


牦牛长什么样？

高原当地人这样打趣地形容：牦牛长着双眼皮，穿着超短裙，蹬着高跟鞋，喝着矿泉水，吃着冬虫夏草，拉下六味地黄丸……

一般来说，牦牛通常体格强健，身长约 2.5 米，身高约 1.5 米，体重 350 公斤以上，野牦牛体重有的可超过 1 吨，头大额宽，角粗，肩部鬐甲显著隆起，周身长毛，尤其腹部披毛粗长及地，尾毛蓬松，前胸开阔，背腰平直，四肢有力，蹄质坚实，可称为牛类动物中的"高富帅"。

牦牛最引人注目的可能是它的犄角，不同于黄牛和水牛的犄角。有经验的细心牧人们可以从牦牛犄角的弧度、角质、角节，大致判断出这头牦牛的品种来源、生存地域、存活年龄等基本信息，甚至可以推断它的性格特征和既往经历。牦牛的犄角通常是公牦牛的标志性象征，当然也是它的战斗武器。在草原上经常发生牦牛嬉戏性的角斗，那是牧童们独享的惊险片。牦牛的犄角，往往与其所处的海拔有某种联系，通常海拔较高地区的牦牛，犄角弯曲的弧度较大，犄角尖前趋，更有攻击性；海拔较低的地方，其犄角则较为平直，显得更为温顺。

牦牛尾也很独特，粗长多毛，古代人们将其作为旌旗的飘缨或宫廷里的拂尘。牦牛尾巴通常是垂着的，但当牦牛竖起尾巴时，那就是它发怒的表现，是战斗的旗帜。常在牧区的人大都知道，你可以站在牦牛前面，但不要轻易在它的身后活动，尤其不要随意动它的尾巴，不然是有危险的。

牦牛其实是性情比较温顺的，听从主人的召唤，与同伴和睦相处，尤其爱护自己的小犊，只有在它受到威胁时，才会发怒发力。

牦牛毛，特别是它腹下的披毛，首先是它们抵御高原严寒的盔甲，也是它们全身通体的装饰，无论黑白棕杂，都油光发亮，显得威风凛凛。

牦牛与黄牛、水牛的明显区别还在于它的肩甲，牦牛的肩甲通常比较高耸，有人借用"驼峰"这个词来形容，据说这也是它储存能量的地方，从外观而言，又增加了其形象的威猛。

牦牛因为品种不同，生存地区的海拔不同，又有各自不同的特点。往往海拔越高，牦牛的体格越大越强壮，海拔越低，则相反。高海拔地区的牦牛似乎距离野牦牛生存地更近一些，可能保存的野牦牛基因更多一些，所以更为强健、更为硕大、更为威猛，古代已经有诗形容其大若"垂天之云"。

牦牛各产区牧民通常都会把当地牦牛品种加以特别夸赞，"谁不说咱家乡的牦牛好！"玉树人夸赞自家的野血牦牛身高体大，甘孜人夸赞自家的九龙牦牛体态矫健，阿坝人夸赞自家的麦洼牦牛灵性通神，果洛人称自家的高山牦牛毛绒厚实，嘉黎人夸赞自家的娘亚牦牛肉鲜味美，哲古人夸赞自家的嘎苏牦牛奶汁香甜，当雄人夸赞自家的高山牦牛纯净营养，申扎人夸赞自家的矮脚牦牛味道独特……

甘肃省的天祝白牦牛，浑身白毛，高贵而纯净，已经被列入国家级畜禽品种资源保护名录。白牦牛因其纯净的白色，被高原藏族人民誉为"神牛"。甘肃省天堂寺第六世活佛、西北民族大学博士生导师多识·洛桑图丹琼排教授写过一首《白牦牛赞》，原诗为藏文，他本人译为汉文：

横空的雪山是神牛的化石
雪白的牦牛像带角的雄狮
它伴随着藏民族从远古走来
在生命的禁区谱写壮丽的史诗

元代著名政治家、宗教家和学者、国师八思巴·洛追坚赞（1235—1280年）曾经写一首《牦牛赞》，他是这样形容牦牛的（娘吉加先生首译汉文）：

体形犹如大云朵
腾云驾雾行空间
鼻孔嘴中喷黑云
舌头摆动如电击
吼声如雷传四方
蹄色犹如蓝宝石
双蹄撞击震大地

角尖舞动破山峰

双目炯炯如日月

犹如来往云端间

尾巴摇曳似树苗

随风甩散朵朵云

摆尾之声震四方

此物繁衍大雪域

四蹄物中最奇妙

调服内心能镇定

耐力超过四方众

无情敌人举刀时

心中应存怜悯意

这位大学者对牦牛从头到蹄、从角到尾进行了赞颂，结论是"此物繁衍大雪域，四蹄物中最奇妙"，作为一个僧人，他最后还不忘提醒："无情敌人举刀时，心中应存怜悯意。"

## H: 高原之宝处处宝

牦牛，藏语亦称"诺尔"，意思是宝贝，或者叫"诺尔那"，意思是黑色宝贝，所以牦牛又被称为高原之宝。

在牦牛产区，很多藏族牧人都会说，我就是喝着牦牛奶、吃着牦牛肉、穿着牦牛皮毛衣、烤着牦牛粪火、住着牦牛毛帐篷、骑在牦牛背上长大的。由此可见，高原藏族牧人与牦牛有多么密切的联系。

作为高原牧区最基本的生产资料和生活资料，牧人说，除了帐篷杆子、汉阳锅、缝针以外，所有的用品都可以从牦牛身上获取。

### 牦牛肉

牦牛的产肉性能是畜牧业牦牛生产的主要方向。牦牛肉色泽鲜艳，香味独特，系水力、嫩度、多汁性适中。

从化学成分看，牦牛肉血红蛋白含量高，蛋白质中氨基酸齐全，营养价值较高，脂肪分布均匀，含少量碳水化合物及有机酸；牦牛肉中含有人体所需的多种元素，如钾、钠、钙、镁、铁、铜、氯、磷、硫等无机物；牦牛肉除基本的色素外，毛细血管中还有血色素及维生素。

在高原牧区，牦牛肉除煮成熟肉外，还较多晒成风干肉，便于储存和携带。直接食用冰冻的牛肉，也是常见的美味。

### 牦牛奶

牦牛奶被称为"天然浓缩乳"，这既是指牦牛奶相对于其他牛乳产量要低很多，也指牦牛奶中的营养丰富。牦牛奶的主要化学成分有水、蛋白质、脂肪、乳糖、无机盐、磷脂、维生素、酶、免疫物、色素及其他微量成分。牦牛奶中的无机物钾、钠、钙、镁、铁、铜、氯、磷、硫等含量，都表现出随着海拔上升而增高的趋势，其含量均显著高于低海拔地区生产的普通商品乳。

在高原牧区，牦牛奶除直接饮用外，还会制成酸奶、奶皮、奶渣、酥油等各种奶质糕点。

### 牦牛毛绒

牦牛是家养牛类品种中唯一能生产毛和绒的牛种，也是牦牛作为"全能"家畜的主要特征。牦牛披毛是由不同长度、细度及不同毛纤维类型组成的混合型披毛，既有粗长的尾毛，又有细短的绒毛，牦牛毛纤维能很好地保暖、防水。一头牦牛一般每年可产毛绒 1.5 公斤左右，毛绒各占一半，但不同品种的差异较大。牦牛毛绒是毛纺工业的重要原料。特别是牦牛绒可通过细纺制成精细的成品，如今高原的许多文创产品用的就是牦牛绒。

**牦牛皮**

牦牛皮韧性较好，可揉性强，是高原皮革工业的重要原料，西藏皮革厂利用牦牛皮生产皮箱、皮鞋和牦牛裘皮，一些国际著名品牌的运动鞋也用上了牦牛皮。

**牦牛骨**

以往除少量牦牛骨用来制成器皿外，多数牦牛骨都被无用弃之，但现在其独有价值被发现，不少地方将其制成牦牛壮骨粉，是一种含钙量丰富的保健品。另外，牦牛骨还可以制作特色工艺品。

**牦牛血**

牦牛血通常是在宰杀牦牛后用以灌肠，是一种美味佳肴。此外，牦牛血还能够作为制作藏药的原料，有多种藏药里含牦牛血配方。

**牦牛角**

牦牛角一般不视为经济产品，但在高原牧区，牦牛角却是每家都有的装饰品，既有镇邪作用，又有美观功能。高原很多山隘路口的玛尼堆上，都装置有牦牛角。当今用牦牛角制成的旅游纪念品也非常风行。

**牦牛粪**

牦牛粪通常被认为不能登大雅之堂，实际上，牦牛粪也是一宝。牦牛粪才是真正的生态环保的标记，湿时可滋肥草原，干时可作为燃料。牧区家家户户的帐篷中央就是一堆牛粪火，烧茶、煮肉、取暖、提炼酥油，都离不开牛粪火。据说烧牛粪火冒出的烟味，还可以医治多种疾病。牧人还把储存的牛粪垒成牛粪墙，成为一种独特的装置艺术。高原上年轻人举办婚礼，要在新房门口放上一盆晒干的牦牛粪，以期此后日子兴旺。

## I: 藏族人牦牛两相成

高原藏族同胞与高原牦牛有着特别的缘分。

青藏高原应该很早就有人类活动和居住。2016 年，中国科学院古脊椎动物与古人类研究所和西藏自治区考古研究所共同对海拔 4000 以上的藏北申扎县尼阿木底旧石器时代旷野遗址进行考古发掘，发现大量石制品，根据光释光测年法数据测定的初步结果，尼阿木底遗址年代距今至少三万年，是人类活动与旧石器文化研究的重要时期。尼阿木底古代人类文化遗址的发现，既说明了该时期藏北高原可能处于温暖湿润的环境，也反映了更新世晚期山人类对高原生态环境的适应能力。

当时的早期人类是不是现在的高原居民，暂时还无法判定。现在高原居住的藏族，据较晚的藏族典籍记载，是发源于现今山南市泽当镇的洞穴。藏族人自己认为，他们的祖先是罗刹女与猕猴交合的后代。吐蕃的第一代赞普王聂赤是天神下凡，来当六牦牛部的王。那时候就已经有牦牛，而且以牦牛作为部落的命名，这可能算是藏族作为人类族群与牦牛这个动物种群最早的联系。

藏族有句谚语说："凡是有藏族的地方就有牦牛。"十世班禅大师也曾经说过："没有牦牛就没有藏族。"也有人补充说："是的，没有牦牛就没有藏族，但也可以说，没有藏族就没有牦牛。因为没有藏族驯化野牦牛，也就没有今天的家畜牦牛。"总之，藏族驯养了牦牛，牦牛养育了藏族。

西藏牦牛博物馆有一幅藏族画家昂桑先生创作的主题画《藏人》，画的形象是一半藏族人脸一半牦牛脸，生动地表现了藏族人民与牦牛密不可分的联系。这幅画在藏族居住地非常流行，当地很多网友将其作为自己的微信或微博的头像。

早在 3000 多年前，甚至是 7000 多年前，藏族人民就将野牦牛驯化成家畜牦牛，此后与牦牛建立了相互依存的亲密关系。牦牛对于藏族人民在高原的生存、发展，作出了无可替代的巨大贡献。

的确，高原牧人的衣、食、住、行、运、烧、耕都离不开牦牛。

衣——

牦牛绒是上好的织物材料，可制成衣物、卧具、饰物，藏式氆氇中也有牦牛毛绒。牦牛皮则可以加工成皮革和裘皮，牧民帐篷里的卧垫，就是牦牛皮内包牦牛毛。西藏的高山牧场常常可以看到当地妇女披着牦牛皮制成的披风，既防寒，又美观。

食——

牦牛奶是高原牧人最重要的营养来源，牧区的孩子多是喝牦牛奶长大的。刚挤出来的新鲜牦牛奶味道甘甜，营养丰富。用牦牛奶提炼的酥油，既是酥油茶必不可少的原料，也是寺庙供灯的主要燃油。很多寺庙还会用酥油制作成酥油花，供信众朝拜和观赏。青海玉树的牦牛节上，有一种习俗，就是用一种特别的奶品奉献给最珍贵的客人，即用100头母牛（有的甚至是10000头母牛）的奶合成的奶品，据说喝下这种奶品可以医治百病。

牦牛肉是高原牧人最主要的食物。牧区不生产粮食，牧民很少食入碳水化合物，手抓牦牛肉是他们的日常食物。在粮食缺乏的年代，有人打趣说，我们除了牦牛肉就没有可吃的了。牧人迁徙、旅行，所带的食物，主要就是风干的牦牛肉。

高原牧人正是从这样的肉和奶里汲取营养，获得了能够抗御严寒对抗缺氧的健壮体魄。

住——

黑色的牦牛毛帐篷，是高原牧民千百年来游动的家。用牦牛毛绒捻线，用自家简易的织机编织，按自己的需求缝制，用三根木杆就能支撑起来。比较大的帐篷则需要七根或者九根木杆。

牦牛毛帐篷用的是牦牛毛绒，有着冬暖夏凉的特点。在天晴时，会露出密密麻麻的细孔，让阳光和空气进入；雨雪之时，毛绒胀开，密不透风，把雨雪挡在外面。

　　牦牛毛帐篷非常方便，游牧时将其拆卸折叠后，驮在牦牛背上，牧人家庭就可以逐水草而居了。


　　行——

　　在高原牧区，牦牛常常是牧人的坐骑。曾经有一张孩童骑牦牛上学的图片红遍网络，这是牧区孩童的真实写照，很多牧区孩童就是在牦牛背上长大的，那是他们的摇篮。不仅是孩童，甚至成人，也往往把牦牛作为交通工具。牦牛不仅具有极大的耐力，而且还善走险道。

运——

在汽车进入高原之前，牦牛是最重要的运输工具。牦牛可以负重几十公斤甚至上百公斤，可以连续行走几个月。西藏的传统农区没有盐，牧区没有粮，需要进行盐粮交换，就要跋涉上千千米，这一切都只能靠牦牛来承担。

烧——

在高原牧区，牦牛粪几乎是唯一的燃料。它燃烧的温暖，伴随高原牧人度过凛凛寒冬和漫漫长夜。牦牛粪不但没有难闻的气味，反而有一种牧草的清香，牧民认为，它还可以治疗很多疾病。如果把成语"薪火相传"略改一下，"粪火相传"用在高原牧区也是很合适的。

耕——

青藏高原的一些河谷地带，海拔相对较低，宜于耕作，是青稞产地。河谷地带的农民耕作的畜力，就是用两头牦牛拉着一副犁具，被称作"二牛抬杠"。每年春耕开始之际，农民们会给牦牛披红挂彩，打扮得花枝招展，以祈求风调雨顺、青稞丰收。这种耕作方式一直持续到拖拉机进入高原。

牦牛不但成就了高原人民的物质生活，而且还涉及高原的政、教、商、战、娱、医、文。

政——

牦牛作为高原最重要的生产资料和生活资料，必然会体现到政治层面。在古老的吐蕃王朝，就有如何分配猎杀野牦牛的法律规定。在政教合一封建农奴制度统治下的旧西藏，繁杂的劳役、沉重的税赋，都会体现在牦牛身上。用牦牛奶提炼的酥油，也要按品级上交给各级官员。

**教——**

西藏的宗教也与牦牛密不可分，在寺庙常年燃烧的酥油灯，用的就是牦牛奶提炼的酥油。很多宗教法器也是用牦牛骨、牦牛皮、牦牛毛制作的。宗教舞蹈也常常有牦牛舞，有的则是戴着牦牛面具，牦牛舞也常常作为宗教舞蹈，还有舞者会戴着牦牛面具跳舞。

**商——**

西藏商业中，牦牛毛绒占有极大份额，牦牛肉则是每年冬季宰杀后民间贸易最大宗的商品。在过去商业贸易所用的秤，秤盘是牦牛皮制作的，秤砣也是用牦牛皮包裹的鹅卵石做的。

**战——**

在西藏古代军事战争中，牦牛是骑兵必备的坐骑。士兵使用的盾牌是用牦牛皮或者牦牛毛制作的，刀柄和火药盒则是用牦牛骨制成的。

**医——**

牦牛的肉、奶、血、髓等进入藏医药，为强健体魄、医疗保健发挥作用。

**娱——**

牦牛舞热烈、奔放，深受西藏人民群众的喜爱，今天盛会开幕、迎接宾客、喜庆活动，都会跳上一段牦牛舞。藏族民间盛行的弦子舞，舞者配有的胡琴，也是用牦牛角制作而成的。

**文——**

高原藏族文化，与牦牛的联系更为密切，牦牛深刻地影响了高原人民的性格，形成了牦牛文化。

甘肃省天堂寺第六世活佛、西北民族大学博士生导师多识·洛桑图丹琼排教授用藏文所写的牦牛品德赞（作于 1986 年 7 月，发表于当年的藏文刊物《达赛尔》）表达了高原藏族人民对牦牛的崇拜，以下是 2014 年他自译的汉文：

## 吐蕃人的福畜
### ——牦牛的品德赞

使虎豹熊罴胆战心惊的
锐利的双角直插蓝天的您


对自己的朋友性格温柔如棉
经常把幼童妇女驮在背上
嘴里虽不吐"利众"豪言
但把自己血肉、脂肪、内脏和皮毛
甚至把排泄的粪便
都毫无保留地献给了众生


毛驴承受不了沉重的负担
跟随阿拉伯的商队离乡逃走
在你的背上虽压上小山般的重负
也从来没有吐怨气的吭声


骏马为了得到一副金鞍
甘愿作千乘之王的坐骑
你把自己的美丽的尾丝
无私地捐出救济别人

藏獒为得到一块吃剩的骨头
作了霍尔兵勇的凶猛猎犬
你虽得不到一口牧草而毙命
也从不离开你的主人

雪狮经不起雪域的严寒
去了非洲的原始森林
你却从远古至今
未离开故乡——雪域高原

头戴珊瑚树的麋鹿
腰系黄金袋子的香獐
仗着智慧双剑的野兔
唯自保安乐，比你卑微

见有尸肉飞来的白头鹰
开花时节歌唱的布谷鸟
喜欢在黑夜里起舞的猫头鹰
虽然有飞翔的翅膀也难以与你匹敌

没有骡子的脚踢自己人的坏毛病
没有羊的听任宰割的懦弱
没有猪的掘自家墙脚的愚蠢
没有猫的做家贼的贱骨

你做利他之事从不求回报

合群共享水草，从不自私
你不怕风吹、雪打、雨淋
勇于承受饥寒服役之苦

你双眼血红，但非见利"眼红"
虽然面带愤怒，但非仇视亲友
虽然双角锐利，但不瞄准家人
虽然有时嗷嗷叫，绝非预示不祥

没有锦缎衣袍和金银首饰
只披着一身御寒的绒毛

用可敬美德的珍宝饰身

故成为人类的示范课本

## M: 局长自称牦牛娃

对于高原牧人而言，牦牛到底意味着什么？

藏族学者才让当智写道："在青藏高原上，牦牛很早就先于人类生活于广袤无垠的大蓝山中，并和人类一道守护这片神圣的净土，这就是高原人类世世代代敬重牦牛，并结伴积淀高原文明的缘由所在。对于高原人类而言，牦牛是永远的祖先，是祖父母，是父母，是兄弟姐妹，是子女，是朋友伙伴，是邻家亲戚……"

这里我愿意与读者分享一个牦牛之子的故事。他是青海省玉树州畜牧局局长才仁扎西。2017 年青海玉树州举办牦牛文化高峰论坛，才仁扎西登台演讲，第一句话就说："我是牦牛的儿子。"

　　才仁扎西出生在平均海拔 4700 米以上的长江北源的曲麻莱草原上，父亲就是种畜场的牧工，他自幼就跟牦牛在一起。第一次离开家乡的牧村到县城去上小学，家人把他放在牦牛背上用牦牛皮囊做的摇篮里，在牦牛背上晃荡了六七天才到县城。因为对牦牛很熟悉，所以并不会有特别的感觉。20 世纪 80 年代初，十世班禅到青海牧区视察工作，远近的牧民群众纷纷前来朝拜。才仁扎西的父亲所在的牧场向班禅大师敬献了一头牦牛。才仁扎西看到，万千信众都是向班禅大师敬献哈达，而班禅大师却亲自向这头牦牛敬献了哈达，他感到特别奇怪也特别震惊。

　　后来，才仁扎西当上了干部，从村到乡、到县、到州，大都是畜牧工作，都是跟牦牛打交道，他越来越深刻地认识到牦牛对于本地区经济的重要性、对于民族产业、民族文化的重要性。他说："我的一切都是牦牛给予的，我一生最爱的就是牦牛。"

　　玉树州是青海省的牦牛大州，有近 200 万头牦牛。才仁扎西注意到一个现象，就是因为牦牛产区过去比较封闭，牦牛种群近亲繁殖，导致牦牛品种退化。退化后的牦牛身材矮小，产肉量少，并且代代体质渐弱。才仁扎西还在乡里工作时，他就建立野牦牛保护协会，野牦牛繁育协会，希望通过采集野牦牛基因来改良家养牦牛的品种。这一复壮技术最早是中国农业科学院兰州畜牧与兽医研究所提出来的，他们通过野牦牛基因培育出了大通牦牛这个新品种。但改良品种并不是一件容易的事情，各地实施起来也进展不一。

　　后来才仁扎西当上了州畜牧局局长，他一心要发展牦牛产业，要让牦牛成为玉树州的象征。从 2013 年开始，玉树推出了"野血牦牛"计划，就是采集野牦牛精液，通过人工辅助授精使家养母牦牛受孕，进行品种改良。这样，母牦牛生下的牛犊，既有野牦牛的体格，又有家牦牛的温驯。为此，才仁扎西在玉树州开展了一年一度的优良种公牛评选暨牦牛文化高峰论坛。才仁扎西作为畜牧局局长，这一措施可算是抓到了关键点。没有人工干预，任凭品种退化，发展牦牛产业必然只是一句空话。所以，每年夏天，州畜牧局在玉树州的六个县轮流举办这项活动。起初还担心各个县的积极性不高，有形式主义之嫌。没想到，各个县争办牦牛文化节，就像国家申办奥运会那么踊跃。每逢此盛会，各个乡、县都会把自己的优良种公牛用汽车运到举办地。那个场景，几乎就是一个牦牛博览会，现场彩旗飘扬，围观的城乡群众都有几万人。他们请来省内外专家按照严格的标准，对种公牛的外貌、体重、体高、体斜长、胸围、管围等进行测量评分，最后决出一二三等奖，一等奖奖金 10 万元，二等奖奖金 5 万元，三等奖奖金 3 万元。对于牧养牦牛的牧民而言，比起奖金更重要的是牧人的荣誉，但更重要的是牧人的荣誉，获得奖项的牦牛和牧人同样光彩，会在牦牛之乡被广为传播，受人尊敬。与此同时，才仁扎西从北京、兰州、西宁、拉萨等地请来包括历史、文化、生态、科技等各方面的专家学者，到牦牛文化高峰论坛上尽情畅谈，每次论坛还要出版一部论文集——《至尊至圣》。

才仁扎西的这一举措，在牦牛产区产生了广泛影响。复壮技术取得了明显的成效，野血牦牛不但在本州推广了，其他牦牛产区也纷纷来玉树引进野血牦牛良种。每年一度的牦牛文化节也成为三江源的辽阔草原上牧民欢庆的节日。

才仁扎西常年奔走在牦牛产区，他走到牧民中间，牧民都认识他："哦，牦牛局长来啦！牦牛王子来啦！牦牛的儿子来啦！"

## N: 牦牛走进博物馆

编著者本人并非牧人，又是如何与牦牛结下缘分的呢？

1977 年，是编著者本人大学毕业进藏工作的第二年。那年冬天，我所在的藏北嘉黎县遭受严重雪灾。我从所在地那曲镇跟随运送救灾物资的车队去往嘉黎县。全程只有 300 多公里，中间要经过一座阿伊拉雪山，山谷是一个风口，一下大雪，雪就被大风刮到山谷里。我们的车队行进到阿伊拉山就遭遇暴风雪，局部积雪达四米厚，整个车队十几台车像被埋在雪里，道班的推雪机也瘫痪在那里。我们既不能前进，也不能后退。夜晚气温降到零下 30 多度，冻伤了好多人。我第一次见识到冻伤的厉害，一位朋友的耳朵冻得像猪耳朵那么大，里面全是透明的液体，还有一位朋友的手指冻坏了，此后再也不能伸直。搭乘这些卡车的总共有二三十人，那个山谷里只有一间十几平方米的修路工人的道班，里面生着一小堆牦牛粪火，我们只好轮流进去取一会儿暖，还要照顾其中的老人和孩子。没有吃的，只好从车上的救灾物资中抓出一把喂牲畜的麸皮来充饥。经过五天四夜，弹尽粮绝，饥寒交迫，感觉这回算是死定了。

当时没有通信工具。县里跟地区通过老式的无线电台联系，问抗灾物资怎么还没运到哇？地区回电说："已经出发好几天了。"县里一下就明白了，那一定是被困在了阿伊拉山。于是，县政府组织全县干部群众回家烙饼子，将饼子集中起来，统一送往阿伊拉山。先是派出一辆当时最高级的 212 型北京吉普车，送到桑巴区，汽车在雪地走不动了；再由桑巴区派出一队马匹，继续前行；到林堤乡，积雪都没过马肚，也走不动了；于是，林堤乡组织了几十头牦牛，前面的牦牛从厚厚的积雪中蹚开一条路，后面的牦牛驮着几大麻袋饼子，跟进前行。

就在我们几乎绝望之时，听到嚓嚓的踏雪声响，看到远处有黑色的身影蠕动，那是牦牛！牦牛过来了！跟随牦牛过来的干部和牧民从牦牛背上卸下麻袋，拿出饼子——我们得救了！当时，很多人捧着饼子，看着喘着粗气冒着白雾的牦牛，一边啃一边哭，都说是牦牛救了我们的命！

高原牧区有一个词，藏语念作"辰曲"，译成汉语为"恩畜"。这一次，我们真正体会到什么叫"恩畜"了。

实际上，在风雪高原，牦牛救人的例子很多，例如，识途识人的牦牛，把牧场上生病或受伤的牧人背回家来。牦牛是一种反刍动物，夜晚的警惕性特别高，有的牦牛用双角顶着来犯的野兽，守卫主人。

在一些偏远牧区，牧人去世后，是牦牛驮着遗体去往天葬台的。所以牧人感叹："我们人生最后的路，是牦牛伴随的。"牦牛的确是恩畜。

已故的西藏著名历史学家恰白·次旦平措先生曾经说过："在历史上，

牦牛对于我们藏族有过很多恩惠，藏族是一个懂得感恩的民族，我们应该感恩牦牛啊！"

阿伊拉雪灾的遭遇过去了三十多年，笔者一直忘不了牦牛的救命之恩，梦里都是它们的形象。终于在 2010 年的一个冬夜，做梦起意要为牦牛建一座博物馆。

为此，本人辞去官职，离开首都北京，再度奔赴西藏，创建牦牛博物馆。在几万千米的田野调查中，编著者本人几乎走遍了牦牛产区，真正体会了牦牛在高原牧区的重要性，感受了藏族人与牦牛的关系，体会到牦牛驮载的西藏历史和文化。

2014 年 5 月 18 日国际博物馆日，西藏牦牛博物馆建成开馆。从创建至今，十年过去了，牦牛不仅走进了博物馆，而且走进了北京、广州、南京、杭州等地，牦牛驮载西藏的历史和文化也因此被传播到祖国各地。2020 年 12 月 21 日，西藏牦牛博物馆获评国家二级博物馆。当地藏族群众称其为"亚颇章"，意思是"牦牛宫殿"。

## O: 牧民曲扎画牦牛

2016 年 12 月 15 日，《牦牛走进北京——高原牦牛文化展》在首都博物馆开幕。一位身穿藏袍的西藏牧民用藏语致辞说："这是感动的一天，我们跟随我们养育的牦牛走进了北京。这是历史上的第一次。"

这个牧民叫曲扎。

曲扎的家乡在山南加查县，他的家距离县城不远。西藏牦牛博物馆筹备办工作人员次旦卓嘎去加查进行田野调查时结识了曲扎。当地人已经很少牧养牦牛了，很多人都开始做点与旅游相关的小生意，因为牧养牦牛实在是太辛苦了。而曲扎却在高山牧场牧养了 300 多头牦牛，其中有的还是被其他人遗弃的病牛和残牛。他的高山牧场与他居住的家海拔相差 1000 多米，他的家靠近城镇，气候温暖，生活便利，门前一棵几百年的核桃树，每年采摘核桃就能有不菲的收入。但他长年住在高山上，气候寒冷，生活环境极为简陋，几天才下山取一些物品，日夜照看着牦牛。曲扎家的牦牛也不宰杀，只用来挤奶打酥油，做一些奶制品，供应市场，以换取收入。

曲扎可以说得上是一位天才牧民，他既是牧民，又是农民；既是木匠，又是画匠；既会做生意，还会开车，更重要的是他还是一位民间思想家。曲扎说："我们的历史、我们的文化、我们的生活，哪一点跟牦牛没有关系呢？每个民族都有自己的特点，因为牦牛，我们藏族跟其他民族有了不同。要是将来牦牛消失了，我们藏族可能也就消失了。"

当曲扎得知拉萨要建一座牦牛博物馆时，他非常惊喜，感觉这件事情与他想象得太切合了。他觉得自己找到了知音。他这才跟人说起自己牧养牦牛的初衷，那就是他认识到的牦牛与藏族的关系，他说："牦牛与藏族可以说生死相依，他觉得藏族如果没有牦牛是不可想象的。"曲扎自然地理解了牦牛博物馆的意义，他把自己家保存的与牦牛相关的物品捐赠出来，并表示愿意为牦牛博物馆做任何事情。

西藏牦牛博物馆得知曲扎是一位无师自通的民间画匠，而博物馆的第一展厅叫"感恩牦牛"厅，入口处有一间类似于寺庙护法殿的小空间，便很希望他能来把他心中的牦牛描绘出来。曲扎来到拉萨，牦牛博物馆还正在装修中，他了解过博物馆的全部设计后，在杂乱的工地开始了他的创作。他只有三天时间，因为当时正值挖虫草的季节，这是当地牧民每年最重要的收入，季节性很强，是不能耽误的。博物馆很担心他三天时间不能完成的话，会耽误开馆。曲扎说："我能完成。"曲扎问："你们希望我画什么？"博物馆说："你愿意画什么，愿意怎么画都行。"

于是，曲扎自己在那个空间想了想就开始画了。他的创作没有底稿，先把黑色颜料涂满空间，再用手指甲划上一道印，然后描上金线。这个空间一共三面墙壁和一处顶棚，曲扎先在左侧墙壁上画上牧区生活中的牧人与牦牛的场景，再在右侧墙壁上画上农区生活中的农民与牦牛的场景，在顶棚画上牦牛图案，而在正面墙壁上，这个从未学习过西洋绘画的牧民，居然画出了一幅抽象画——

他把牦牛的双角，想象成为两座雪山；双角之间的对面峰，被想象成为太阳；牦牛额头的鬃毛，被想象成为河流，流淌的河水中还隐藏着藏文中的牦牛"亚"；牦牛的两只眼睛被想象成湖泊；牦牛的胛骨，被想象成崖石立柱；从这具牦牛头两侧，铺展开辽阔的原野。整个空间只有黑色和金色两种颜色，非常简约，也非常肃穆。

三天时间，曲扎完成了这个空间的壁画创作，他匆匆忙忙搭乘长途客车赶回家乡，去挖虫草了。临行前，他在工地上捡了一张水泥袋纸片，写下一段藏文，译成汉文是这样的："作为一个养牦牛的牧人，我要向牦牛博物馆全体工作人员致敬。你们办牦牛博物馆，就是在传承和弘扬西藏民族民间文化。我们

都热爱西藏文化，我们是兄弟，因为我们身上都流着同样的血。"

曲扎再次来到牦牛博物馆时，这个博物馆已经正式开放。他带着家人仔细地参观了全部展览，之后在留言簿上写道："到寺庙可以拿到被活佛加持过的甘露丸，到牦牛博物馆则可以看到我们自己的历史和文化，这比甘露丸更为珍贵。"曲扎对牦牛博物馆非常满意，认为这才是真正的西藏文化，他自己的作品能够在牦牛博物馆里展出，他非常自豪。当他看到博物馆大堂上的匾额关于牦牛品性的提炼："憨厚、忠勇、悲悯、尽命"，曲扎说："这是牦牛的品性，

其实我们牧民也是这样的。"

此后，曲扎绘制的壁画，被很多观众赞赏，有的外国观众甚至赞叹这位画家是"牧民中的毕加索"。

实际上，有关牦牛的艺术，艺术形式比较丰富，涉及文学、绘画、书法、雕塑、音乐和影视等。仅从绘画而言，有关牦牛的绘画在藏地的岩画、壁画、唐嘎比比皆是。进入现当代，著名艺术大师也把牦牛作为绘画的重要题材，董希文、吴作人、吴冠中、李可染等大师都曾创作过牦牛题材的作品；活跃在画坛的当代艺术家，很多都到高原深入生活，创作出与牦牛相关的作品，几乎到"无牦牛，不西藏"的程度。因而，牦牛在艺术当中，也成了西藏的象征。在西藏牦牛博物馆的"灵美牦牛"厅，陈列着当代艺术家韩书力、敬庭尧、裴庄欣、于小冬、李津、冯峰、臧跃军、刘晓宁、蒋致鑫、昂桑、亚次旦、雍忠卓玛、次仁卓玛等一大批艺术家创作和捐赠的牦牛题材的作品。

## Q: 牦牛永生在雪域

几千年来，牦牛与高原人类相伴相随，牦牛被驯化、被役使、被广泛利用，以及它被产业化、精神化、艺术化，这是人类文明进程宏伟篇章中的一个独特的传奇故事，代表着人类对大自然的认识、利用、互动与融合。

的确，牦牛作为畜牧业生产，最后还是要被宰杀取肉、以肉兑币的。牧人以牦牛肉为主要食物，高原上的僧人也并不忌讳吃肉，这是牦牛的宿命，也是牧人的宿命。在牧区，往往会用"生产性淘汰"这种略为委婉的表述，来取代"宰杀"这个词。

在高原牧区，很多牧人为了尊重那些曾经为自己家庭或家族作出过特殊贡献、有着特殊经历的牦牛，也因为某种宗教心理，不忍心宰杀，选择了为一些牦牛放生。

放生，就是给一些牦牛系上特殊标记，如缝上经幡，烙上印记，此后，无论主人或是他人，都不能再宰杀。但放生的牦牛并不是简单地放归大自然，很多被放生的牦牛仍然由原来的主人看管、放牧，为它养老送终，直到它自然死亡，也不食用它的肉身。

2012 年 6 月，即藏历四月，萨嘎达瓦节期间，西藏博物馆研究员娘吉加先生带领西藏牦牛博物馆筹备办调查组，前往珠穆朗玛峰下的绒布寺，参加并记录了这个寺庙举办的一项给牦牛放生的仪式——《牦牛礼赞》。

这是一场庄重的仪式，这是一曲震撼的颂歌。

调查组全程进行了影像和文字纪录，其文字由娘吉加先生反复校勘，第一次译成了汉文。后来，这项仪式成为西藏自治区的非物质文化遗产。

这项为牦牛放生举办的仪式起源于 15 世纪，由绒布寺扎珠·阿旺单增罗布上师首创。每年藏历四月十七日时，都有演说《牦牛礼赞》的传统仪轨，绒布寺的萨嘎达瓦节的其他活动都是由僧人主持，唯有《牦牛赞》是由俗人（养牦牛的人）主持。由于历史原因，演说《牦牛赞》在"文化大革命"期间中断，此后，又在一九九四年得以恢复。现在演说《牦牛赞》的，是定日县扎西宗乡且宗村，年龄 49 岁的村民索南丹达，《牦牛赞》是他从曼卓赛达热村 69 岁的多杰老人那里学得的。多杰老人以口传和书面的形式毫无保留地将《牦牛赞》传授于索南丹达。

在赞颂牦牛的准备阶段，首先要调集四十多头放生牦牛，再从中挑选各具特征的七头牦牛，面部和四肢毛色是白色者称为"凯巴"，体毛黑色、花脸、面部形似蛙者称为"花色蛙眼"，还有"黑色""淡蓝""黑头""敦波"和"褐色"。其中，黑牦牛供奉四面玛哈噶拉、褐色牦牛供奉尸托林天母、敦波牦牛供奉斯热、白色牦牛供奉祥寿天女四位护法神。准备齐整后，先在牦牛腰椎上面用线缝上不同色质的写有不同咒文内容的经幡，其次，由赞诵主持人边唱着《牦牛赞》，一边在牦牛身上用朱砂画画，并在牦牛角头、角腰、角尖、额头、眼部、耳部、鼻梁等部位涂抹酥油，最后，给牦牛喂食糌粑、酒等，在"咯咯嗦嗦"声中圆满结束《牦牛赞》。依照先前的风俗，除供奉四位护法神外，还有供献"黄脸牦牛"为总持咒的传统，该牦牛必须是黄色脸面、黑色身体、黄口、白色额头，但是，由于放生的原因，可以供献为总持咒的黄脸牦牛

都被野狼等猛兽杀害，目前已经不存在为诸神供献总持咒所需的牦牛。

以下是传承了 600 多年的《牦牛赞》：

世尊言教赞颂无尽英武雄健

制伏魔军成就盛事如护幼子

守护佛法四项事业有所作为

请示护法会众赐予圆满吉祥

在此，诸路护法神都愿意依持牦牛，由此，护法神都各自找寻体色一致、面容俊美、体格健壮硕大的牦牛，再以饰品、朱砂等各种齐全的装饰器物展示盛装牦牛。然后供奉战神，并向各位天神奉献丰富供品，再以煨桑焚香净化牦牛，沐浴净身，在正式装饰时，向牦牛脊背供撒粮食颗粒，同时，口中念诵：

嚓嚓！今天上天星辰闪烁，大地阳光温暖，在此良辰吉日，圆满之时，向智慧怙主黑色体相供献饰品，请接纳饰品，坚持念咒，各位坐骑体色，从百群中找见，在千群中挽回，使之头部棱角端正，面部目光炯炯，口中利齿齐整，背部毛色油亮，腹部乳汁充盈，祈愿演讲"五部充实之畜咒装饰"！

之后，将第一类饰品戴在牦牛双耳上，并在项背、尾巴部位都涂抹朱砂，同时，口中念诵：

获得！获得！昭示福运如山，堆积利禄，丰富如海充溢，招来各种骏马良驹，得来各种洁白绵羊，招得山羊都来咩咩，得到黄草遍地牦牛，获得印度黄金，又得康区白银，得来北方食盐。

获得！获得！招福利禄，犹如植物繁茂，打击！打击！美妙右旋螺角，冲动之敌作祟，邪魔居高位，不喜处低位，欣喜打击，各种口似乳汁温柔，心比辣刺锐利者，尤其蛊惑妖鬼，打击一切诅咒灾祸，毒咒冤仇放咒祸害，美妙左旋螺角，不侵扰，不侵扰，不骚扰任何牛群，不侵入任何羊圈，不伤害人寿，不污染饮食精华，不污染衣服色彩，不侵扰各位家人邻居喜爱之人，不干扰佛法言教，不伤害至尊威德，不干涉善士僧众，在右手，右手上首是人之宝库，宝库之上源源相续，右手中部是资财宝库，宝库之上源远流长，右手下部是畜牧宝库，宝库之上繁衍生息，从三处宝库门口，护持救护人寿，保护饮食精华，保持衣服色彩，以金、银、铜三处出口，守护用绿松石、珊瑚、珍珠、琥珀，护卫由箭、刀、矛三处守护，容颜青春永驻，吉祥美妙恒常，事业成就稳固，财运富足永在，右旋螺角常在，制伏冲动之敌，而常胜角中心不致碎裂，而坚固角尖精良而坚硬，保护仁慈亲友，而常健口福，常在顺利圆满，肌肉发达，肉香常在，眼睛常明，视觉清晰常明，耳顺常悦听觉灵敏永聪，后颈窝坚固，后颈窝为父兄亲和而永固，颈项健壮颈项不致落入敌手，而常固鬃毛油亮，鬃毛被胜神拽拉而常胜，脊背健硕脊椎比流水，伸长而常，健尾部坚挺，先期向上，增长而稳固，畜圈牢固，圈内羊群繁盛而永固肩胛健壮，肩胛为积累财富而健实，肩部稳健，肩部为人财部众能胜而稳健，心意淡定，心意安乐而淡定，脐部硬实，脐部不变而硬实，足跟稳健，各种地煞龙妖、诸位天神会众能齐聚大地之下而永驻，四蹄能战胜四敌而稳健！

就此，在念诵咒语圆满后，人站立在牦牛左边念诵祈愿词：

此畜咒从毛色开始祈祷，从百群中找见，在千群中挽回，五部充实，此畜咒乘骑时，骑速未有比之更快者，站立时站姿处未有比之更险峻者，为了无人死亡而施咒，祝愿施咒之下不致人死亡！为了无箭断裂而立靶，祝愿靶心之下不致箭断裂！在右眼之下降伏宿敌，在左眼之下看护仁慈亲友，君王世系犹如兴盛一样世代繁衍嗦嗦！

之后，为先行者献给丰厚酬谢，让后来人享用精美酒席，再将畜咒置入中央，全体民众围绕着呼唤"愿天神得胜！"同时，撒施糌粑，作吉祥祝愿，之后，执行仪轨团体有进行祈愿招财引福的传统，在全部仪轨圆满结束后，将七头牦牛从寺院大殿走廊廊厅放出寺外，与其他牦牛一道走向草场。

放生仪式结束，人们走出绒布寺，珠穆朗玛峰顶白雪皑皑，山腰彩云缭绕，天空一片湛蓝，被放生的牦牛披着彩色的经幡，自由欢快地悠游在这世界海拔最高的牧场，牧人们看着这情景，心里有一种轻松和宽慰——这些牦牛曾经像是他们的家人，虽然它们没有语言，虽然被放生的牦牛只有很少几头，仅仅作为一种象征，但表达了牧人们对牦牛劳苦一生的尊重，表达了牧人们对于自己既往历史和文化的尊重，同时也是对于自己的劳动和创造的尊重……

看着这些与高原人民相伴相随了几千年的牦牛，相信这些高原的精灵，只要珠峰没有塌陷，高原没有夷平，牦牛就一定会在这里永生……

作者简介：

吴雨初，1954 年生于江西，1976 年于江西师范大学毕业后进藏工作。1992 年调北京，曾任中共北京市委副秘书长、北京出版集团党委书记兼董事长。2011 年重返西藏，现任西藏牦牛博物馆馆长中国作家协会会员，中国百名优秀出版企业家，中国西藏文化保护与发展协会理事，西藏自治区人民政府发展咨询委员会委员。著有《藏北十二年》《最牦牛》《形色藏人》等。

# 家牦牛与野牦牛

古　岳

　　看过《红河谷》的人一定都会说，那是一部优秀的国产影片，整体上，我也同意这样的观点。你也许还记得，影片中有一头白牦牛曾反复出现。我要说的是，虽然那确实是一头牦牛，但它发出的叫喊声却不是牦牛的声音，而是黄牛"哞儿——哞儿"的声音。牦牛只会发出短促有力的"吽——吽"声，无论是家养的还是野生的，牦牛只会发出这一种声音，而从来都不会发出"哞儿——哞儿"的声音。而且，牦牛只会发出单音节的"吽"，像人类慢性咽炎患者的干咳，没有拖腔和尾音。即使它喊出一连串的"吽"，中间也会断开，每一声都干脆利落，绝不拖泥带水，更不会有滑音的过度，大多在行走时才会发出这种喊叫声。这是一个常识性的错误，看到这个画面，我对影片就失去了继续看下去的耐性。

　　像狗的祖先是狼一样，家养牦牛的祖先就是野牦牛，而且，它们被驯化为家畜的历史可能要晚得多——至少可能晚几千年，甚至更加久远。科学研究证实，野牦牛的驯化是 7300 年前才出现的事情。而古岩画上的那些狩猎图告诉我们，大约在 3000 年前，牦牛的驯化过程也许还在继续。那时，几乎所有家畜的驯化都早已完成，野牦牛是人类最后才得以驯化的野畜，也许直到今天还没有最后完成。因为以野牦牛为亲本资源（这是一个育种学专业术语，泛指用来杂交、培育新品种的父辈和母辈或雄性和雌性）的牦牛品种改良仍在继续。

除却了与人类关系的密切程度，其实，直到今天，一头家养牦牛的习性和生存环境与真正的野牦牛并没有太大的分别。家养牦牛虽然都被人类放养，偶尔也会圈养，但它们依然还活动在山野，山野之上原本也是野牦牛的家园，因为它们原本就是一个家族里的成员。

后来，可能因为越来越多的野牦牛被驯化成家畜，与人类相伴，渐渐失去了野性，野牦牛看不下去，一气之下，才从它们身边渐渐远去。它们不仅是要离开家养牦牛，更重要的是离开人类。如果再不离开，迟早，它们都会失去野性，成为人类身边的畜生。假如它们肯与我们分享它们之所以远离的感受，我想，它们一定会说："靠近人类是一件很危险的事，凡是与人类接近的动物，最终都会被它们驯化成家养的牲畜，失去全部的野性。"而野性是它们区别于其他万物生灵立足于天地之间的根本。

也许是最后才驯化成功的缘故，在所有家畜中牦牛也是唯一从未完全丧失其野性的动物。你要是把它们整日里圈起来，即使给它们吃最好的饲草，它们也极不情愿。这一点从它们的神态和表情就能看出来，刚圈起来时，它们一个个心急火燎地又蹦又跳，恨不得立刻破门而去。时间长了，它们慢慢地就会陷入绝望，一个个垂头耷脑，提不起精神。而一旦被放出去，到了山野，它们就像是逃离似的，一门心思地往远处走。直到足够远了，视野中见不到人影了，才有了精神，停下来啃噬青草。

我们家以前也养过牦牛，可能正是考虑到其野性，父亲从来没有圈养过它们，甚至从未把它们赶回到村庄里，它们一直就待在山上。如果不到山上，一年四季也见不到它们。决定要卖掉一两头时，也从山上直接赶走，而不会经过自家门口。父亲比起担心它们的安危，更多的是担心它们会走失，会被盗牛者偷偷赶走。于是，每隔一两天，父亲就会到山上看他的牦牛。因为，牦牛喜欢远离人群，所以它们所在的地方离家就很远。有很多时候，父亲都无法当天赶回家中。不得已，就在牛群附近的山坡上搭了两间小土屋，我们叫"坐圈"。听上去像是圈牲口的地方，实际上则是人的栖身所，人去看自家的牦牛，回不来了就住在那里。我去过那里，也曾在那小土屋里烧茶歇息。我们家的牦牛就散落在那一带山野，因为山上有森林灌丛，不细看，你都很难发现。直到最后，我们家那一群牦牛也从未进过家门。

这还是农村，草原上的牦牛，即使在家门口，也是在山坡草地上。草原上出现牛圈也是近些年才有的事，而且大多也只是有一圈低矮的围墙，并无顶棚

遮盖，牦牛即使赶到里面，除了在冬天能遮挡一点风雪，与旷野并没有什么两样。白天照样能晒太阳，夜晚照样能看见星星和月亮。以前草原上所谓的牛圈，其实就是扯在帐篷前草地上的几条毛绳。毛绳用钉进草地上的铁桩或木桩牢牢固定着，牧归的牦牛被依次拴在毛绳上，一来防止走失，二来是为挤奶方便。牦牛被一条毛绳拴着，虽然也不大情愿，但是也不会过于对抗。反正都吃饱喝足了，夜间剩下的事情就是安卧和反刍，拴着就拴着吧，除了那条毛绳，一切都没有什么变化，何况那毛绳也是用它们身上的毛做成的，没什么不舒服。再说了，挤惯了牛奶，不挤，乳房会胀疼。挤完了，才会舒坦。这是驯化过程中，

人类对它们的最大改变，它们对人类产生了依赖。

所以说，牦牛即使在驯化以后，它身上的野性也未彻底驯服，至少在所有家畜中，它是唯一还存有野性的牲畜。而且，直到近现代，家养牦牛与野牦牛在野外交配的事在草原上依然时常发生，一群家养牦牛中也常常会看到一两头野牦牛的后代。牧人们说起这样的趣事时，就像是在谈论人间的风流韵事一样乐此不疲。因而，不但不反对，不阻止，而且还怂恿鼓励，设法成全，家养牦牛身上的野性也由此得以保全和延续。

直到很久以后，随着人类的数量越来越多，野牦牛的栖息地才不断被挤占，其种群数量也才日益锐减。这时，人们突然发现，家养牦牛的种群正在退化，先是个头越来越小，再后来，它们的性子也越来越温顺了，野性也好像在一天天消失不见了。也在这时，人们又忽然想起曾经在旷野上飞奔呼啸的野牦牛。可是，它们也好像突然消失了，即使苦苦寻找，也难得一见。有人开始去寻找野牦牛，目的是想唤回家养牦牛昔日健壮的体魄，当然还有野性。毫无疑问，将无数野畜驯化为家畜是早期人类文明的最主要的成果。从现在的情形看，不可否认的一点是，驯化家畜的历史证明，生物除了进化也会退化，而在自然进化遭到干预时，退化的趋势则会加剧。这是家养牦牛品种退化的主要原因。

于是，一项自远古就已开始、至今尚未结束的动物驯化运动，又找到了一个新的名目，曰：畜种改良。而家养牦牛品种改良最理想的亲本资源就是野牦牛，可是到哪里去找野牦牛呢？历经艰辛，人们终于逮住了几头野牦牛，并在人类的帮助下，用它们的精血让家养牦牛受孕。一次次失败之后，一代又一代的野血牦牛被成功驯化，草原上又能看到雄壮无比的牦牛了。可是，这时，人们又发现，野牦牛亲本资源越来越稀缺，无以为继。虽然，因为保护力度的加大，野牦牛种群数量已有所恢复，但是也处于极度濒危的状态。以我的观察，其种群濒危程度甚至远在藏羚羊之上。因为，藏羚羊还不难看到，而野牦牛已经难得一见了。而且，根据野生生物学家的观点，用野牦牛来改良家养牦牛的结果有可能导致野牦牛自身的品种污染和退化。比如，乔治·夏勒对此就非常担心。也许，最终我们会找到一个能保全牦牛种群的路径，但是目前还没有找到。所以对此，我既不悲观，也不乐观，而只心存希望，哪怕那是最后的希望。

有关野牦牛，多年前我曾写过一篇散文《走向天堂牧场的野牦牛》，现摘抄如下，个别地方稍有改动：

一天傍晚，我过昆仑山口，正要一路向下，这时，我却忍不住要往车窗以外张望，我感觉冥冥之中有一双眼睛正盯着我。我就望向南面的山梁，于是我就看见一头无比雄壮的野牦牛正在那山梁上望着苍茫的天空，我感觉它要从那里一步踏入天界，去找寻它梦中的大草原。那一刻里我想到了孤独，是的，是孤独，孤独正从四荒八野向它汹涌而来。

昔日青藏高原上的野牦牛群可与北美大草原上曾经有过的野牛群相媲美，当上千头乃至几千头的野牦牛从那亘古莽原上走过时，天地都会为之动容。北美大草原上的野牛群随着欧洲殖民统治者的侵入渐渐淡出了人类的视野，尤其是西部大淘金的狂潮使野牛群遭到了灭绝性的杀戮。德国著名记者洛尔夫·温特尔在他《上帝的乐土》一书中对北美大草原上的那一段历史做过这样的描述："在印第安人世世代代精心保护的地区曾有 6000 万头野牛，白人出现在那里仅仅 30 年，这巨大的野牛群消失了。驻扎在阿肯色河畔的陆军上校理查得·L. 道奇证明说："1872 年还有数百万头野牛吃草的地方，到了 1873 年到处都是野牛的尸体，空气中散发着恶臭，大草原东部成了一片死寂的荒漠。"

青藏高原野牦牛群的消失也与大淘金有关，只是，时间要晚得多。在北美大草原上已难以觅见野牛踪影的时候，青藏高原上的野牦牛们还在灿烂的阳光下有节制地繁衍着它们的子孙。直到 20 世纪中叶，它们才开始遭遇大规模的杀戮。饥饿是它们惨遭杀戮的罪魁祸首，先是三年困难时期，人民公社为了社员的活命组织进行的大规模猎剿，这是它们和人类的首次交锋。之前的亿万年里，人类从没有真正靠近它们，或者说，人类从没有以试图伤害的方式接近它们，虽然高原土著一直与它们相邻而居，但却视它们为友，相敬如宾。它们对人类的感觉就如同自己的同类，在它们的眼里，人类无疑是弱者，他们渺小，他们不堪一击。所以，它们从不设防。

所以，100年前，在昆仑山麓，当瑞典探险家斯文·赫定和他的随从第一次用火药枪对准它们，并向它们射击时，它们还以为那是在和它们开玩笑，但是，那粒小小的弹丸却差点射穿它们身上厚厚的铠甲。于是，它们第一次抬眼望了望对面的那些异类，那些异类头上的目光第一次让它们感觉到了恐惧。于

是，那个受伤的同伴就向那些不远万里跋涉而来的异类冲杀而去，但是，又一粒弹丸向它飞来，接着，又是一粒，这一次差点命中要害，它被彻底激怒了，它用尽全身的力气，冲向那些可恨的家伙。

我后来猜想，当那头野牦牛快要冲到跟前时，斯文那小子所表现出来的样子肯定不是他在著名的《亚洲腹地旅行记》中所描述的那样镇定自若，而是惊恐万状，脑子里甚至是一片空白，他唯一所能想到的是他的瑞典老家和他年迈的白发老母。我想正是这一闪而过的念头救了他的老命，昆仑山神为这个念头而心生悲悯，让他们从一片惊慌之中回过神来，向那头野牦牛射出最后的那颗子弹，野牦牛就倒在了他的脚前，而他却可以把这作为炫耀后世的资本。后来，他们甚至把家养的牦牛当成野牦牛胡乱射杀，为他的这次经历增添传奇色彩。

但是，无论如何，他都无疑是一位杰出的思想者，他有一间令人艳羡的书房，那书房里充满了森林的芳香，他坐在那宽敞的书房里回想他在亚洲腹地的经历时，那些野牦牛们早已把他忘在脑后了。就在那间书房里他成就了《亚洲腹地旅行记》，在这本书中，他除了详尽地罗列在他看来离奇和有意思的见闻之外，他也颇有文采地描述了很多野生动物的生活场景。

据说，野牦牛可以循着子弹散发的火药味向猎人一路追杀而来。如果是顺风，它们灵敏的嗅觉可以嗅到几公里以外的异味儿，尤其是人类的体味。自然界很多的野生动物都有这种奇异的本领，所以，有经验的猎人都会守在逆风的山口等待猎物。野牦牛是一种具有团队精神的生灵，当一群野牦牛在一起时，它们就是一个整体，在不同的环境里，它们中的每一个个休都有自己的职责和分工。带领和指挥它们行动的是一头大家都诚服的公牦牛，无论面对怎样的严峻形势，它都不会忘了自己的使命。它总会让自己处在相对危险的位置来保证群体的安全，当灾难来临时，它又总会自觉地冲在前面，它会用自己的生命来换取群体的安全。

我从没有近距离观察过一头真正的野牦牛，虽然，我很多次见过野牦牛，但是，它们都离我很远，最近的距离也在一公里之外。我在很近的地方看到的只是野牦牛的标本，我曾用手轻轻地触摸过它的绒毛。那绒毛之下生命的气息已经不再，我感觉到的是令人窒息的冰冷，那是死亡的气息。我不知道，人们为什么要把一个个鲜活的生命制成僵硬的标本，所有的标本都以热爱的名义出现但却以仇恨的面目存在着。在美丽的蝴蝶泉边，到处都挂满了蝴蝶的标本，但是制成标本的蝴蝶再也不能翩翩飞舞，蝴蝶泉之上翩翩飞舞的蝶群已经成为回忆。

青藏高原上许许多多的野生动物也变成了标本。在都兰县境内的昆仑山麓，以前有一个国际狩猎场，每年都有很多国际猎人到这里狩猎，高原珍稀野生动物雪豹、白唇鹿、野牦牛、藏羚羊、盘羊、蓝马鸡等都成了他们猎获的对象。狩猎场藏族导猎成烈告诉我，那些国际猎人猎获的动物也都制成了标本。他们每次到猎场都会带来一些动物标本的图片集，都制作得很精美，每次翻看那些图片册子，他的心就会隐隐作痛。在看那些图片时，他感觉这个世界上几乎所有的野生动物都被猎人们制作成了标本，从非洲的狮子到亚洲的大象，从南美丛林的昆虫到青藏高原的羚羊，但凡在地球上存在过的野生动物几乎没有遗漏。在听阿克成烈讲述这一切时，我眼前所浮现出来的却是一幅地狱的图景。是的，那每一册动物标本图片集其实就是一座地狱。那些美丽生动的鲜活生命因此再也不能奔跑和飞翔了，再也不能唱鸣着沐浴阳光雨露了。所有的一切都已僵硬，都已经死亡。随着它们的死去，整个世界也在慢慢地死去。每一个生命的死亡就是一个世界的结束。

野牦牛是现在世界上最庞大的野生动物之一，要猎获一头野牦牛并非易事，而要把一头猎获的野牦牛制成标本更是一件很困难的事。我听阿克成烈说，一头成年野牦牛的两只犄角之间足可以坐进去三个壮汉，那是何等开阔的额头。这些年，城里人都喜欢收藏有犄角的野牦牛头骨，所以，那些随意抛洒在高原荒野上的野牦牛头颅就成了宝贝，被一具具捡了回来，制成了工艺品，挂在城市高楼房间的墙壁上。一次次地在高原腹地行走时，我也曾见到许多野牦牛硕大的头颅。在莽原深处，它们静静地立在那里，经受风吹日晒，一双双没有了眼睛的眼睛死死地盯着上苍，好像在等待着神灵的启示。我在所见到的每一具头颅前都曾逗留很长时间，我想听到它们关于高原、关于高原生灵的一些诉说，所以，我就静静地立在那里，时刻准备着聆听。有那么些时候，我仿佛真的听到了什么，但却无法将它表达，至少不能用人类惯用的语言加以表述。最后一次去黄河源头的约古宗列时，我也从那最后的草原上捡回一具野牦牛的头骨，没有做任何的修饰就放在我的书房里，它每天都给我一种提醒，我每天都能感受到它的存在。

在塔尔寺的一座木楼上，陈列着两排野生动物的标本，其中就有一头野牦牛。它们被视为神灵供奉在那里，接受着人们的膜拜。那是一头高大的野牦牛，它的活体净重至少在一吨以上。它宽阔的肩膀、它飘逸的裙毛、威武的身躯令人肃然起敬。倘若，它没有被制成标本而是依然在高寒莽原之上独来独往，它就会更加威风凛凛。它是自然界真正的王者，在自然界没有什么东西可以伤害到它们，除了人类，尤其是荷枪实弹的人类。人类的智慧一旦用来戕残和杀戮，他们就可以伤害一切，即使他们手无寸铁也能做到，因为他们会用陷阱。

20 世纪 80 年代末，我听一个淘金的农民说，他们在高原腹地淘金时曾捕获过野牦牛，并用它来果腹充饥。当时他们用的就是陷阱，而且那些陷阱都是现成的。那些陷阱都是用来淘金的金窝子，我曾在一些文字中详细地描述过那些陷阱。在青藏高原腹地的那些河谷地带曾经到处都布满了这种陷阱，它们使一条条河流及其谷地变成了千疮百孔的废墟。那些河谷里从此再也没有了清澈的流水和绿色的牧草。深十几米甚至几十米的深坑一个连着一个。

而那些河谷地带曾经都是野生动物们的家园，在过去的岁月里它们一直在那谷地里繁衍生息。常年在那些谷地里淘金的人们就发现了这个秘密。于是，他们就把那些原本用来淘金的金窝子当成陷阱来捕获猎物。要把一头野牦牛驱赶到一个限定的地方几乎是不可能的，但是可以诱骗。所向披靡的野牦牛注定了要勇往直前，哪怕前面有万丈深渊。而善于欺骗的人类就利用了这一点，他们从能够确保自己安全的地带开始实施诱骗计谋，譬如从很远的地方朝着野牦牛开枪射击，也许野牦牛还在射程之外，但他们知道它肯定会发现子弹射来的方向，而且很快就会沿着那条看不见的射线向你飞奔而来，当它终于抵达那个曾射出子弹的原点时，那个射手早已逃离，但他仍带着火药枪，他身上仍散发着火药味儿。

野牦牛几乎没有停顿就直接拐向他逃离的方向，它心中可能在暗自窃笑，甚至可能会用牛语骂出一句"雕虫小技"之类极其轻蔑不屑的话语。但是，它小看了人类。小看就会轻敌，轻敌就会导致灭亡，这是人类用几千年的征战获得的经验。他们视之为真理。当它长驱直入，站在一片陷阱的包围中时，它才意识到了人类的卑劣，它自然无法想象人类何以用这等下作的伎俩来对付一个傲视万物的王者。就在那一刻里，它被自己所遭受的这种耻辱侵吞了。它一下子就变得垂头丧气，不知所措，仿佛就像当年乌江边上的霸王，四面都是楚歌，大势去矣。它站在那里举首顿足，茫然四顾，而后，而后就纵身跳入了身边的深渊。它是否在想，也许那深渊之下还会有一条出路，那路的尽头就是金色的草原，就是天堂牧场。

野牦牛种群面临的危机势必要危及家养牦牛种群的延续。而从长远看，牦牛种群的退化似乎已经是一个必然的趋势。像很多家畜的灭绝一样（这一点，我在本书中已经写到），有一天，我们可能再也见不到牦牛了。而希望似乎就在野牦牛身上。那么，野牦牛会不会从地球上彻底消失呢？这就要看，人类未来的态度了。


作者简介：

古岳，又名野鹰，本名胡永科，藏族，高级记者，自然书写者，中国作协会员。全国文化名家暨"四个一批"人才，全国新闻出版行业领军人才，青海省"高端创新人才千人计划"杰出人才。从 20 世纪 80 年代开始文学创作，长期关注青藏高原生态环境问题，曾获第五届"地球奖"、长江韬奋奖、青海省文学艺术奖、青海省"五个一"工程奖、徐迟报告文学奖等，三度入围"骏马奖"。已出版文学作品《谁为人类忏悔》《黑色圆舞曲》《生灵密码》《坐在菩提树下听雨》《巴颜喀拉的众生》《雪山碉楼海棠花》《棕熊与房子》《草与沙》《冻土笔记》《源启中国》《杰桑·索南达杰》等十余部。

# 青藏牦牛记

郭建强

## 一

当晨曦的万支金箭，刺穿青藏高原上空浮石般的云团之后，箭镞、箭杆和箭羽马上变得柔软了、柔和了，给云阵云层镶金镀银，在天边铺开一层层吉祥的堆绣。

大地苏醒了，在一串串如同青杨叶绿柳芽的鸟鸣中，远处的群山显出了敦实、阔远、高渺的体态。群山酷似一头头雄健的牦牛，自西向东，或由北朝南列队成行，护佑着万物生灵，支撑着四野空宇。

接着，群山下的草原苏醒了，河流苏醒了，野花和青草苏醒了。藏獒发出带着梦呓的低沉的吼声，有些迷惘地看着帐篷冒出一缕缕青烟。那一缕缕青烟在半空中书写着藏文古字。有时在盘旋中仿佛一位双手合十祝福的度母，婷婷袅袅地幻化而去。一顶顶帐篷里升起了人间温暖：炉灶里的火焰羞赧而热烈地跳着舞，向着我们看不见的事物表达着心曲，铁锅里矜持的奶茶尽力保持着仪态，却终于吐出一圈圈小小的波浪。

草原牧民生活的火焰来自牦牛，来自牦牛的粪便。在草原人家，你不时会看到贴在干打垒墙上，或者平摊在草地上的牛粪饼。这些牛粪饼在晾晒过程中，被藏家儿女赋予一种美的造型和构图。然后，被收藏、被使用。这些转自青草的燃料，在吸收了阳光的精华之后，成为日常生活必不可少的物质支撑。

现在，帐篷里的老人、男子和孩子已经盘腿而坐。眼前简朴的长条桌子被岁月熏染得肌体黝黑，你却又可以轻易找到桌子刚刚诞生时描金勾银的痕迹。那些灿烂的星光、月光、阳光，如同色彩明亮的各种船只，在木头的深沉里闪烁和跳跃。桌子上的糌粑、酥油、曲拉，还有风干牦牛肉，泛散着清晨的清洁气息，让桌前人们的脸上笑意盈动。女主人还在灶前忙活着。当一碗碗奶茶被她捧敬至亲人手中后，她走出帐篷，弯腰背起水桶，打算再到河边汲取清水。

安闲地咀嚼青草的牦牛，平视着女主人走过藏獒身旁，走过门前那一道隐秘的坎坷，走过前面牧草丰茂之地。河水正在哗哗地笑着，清晨的水波清亮如银。

二

从文明的标志——火，火焰，到实际生活中无所不在的扶助，牦牛在物质和精神的多重层面，都称得上是游牧高原、生活在高原的人们的图腾。人们称呼这个坚韧、强健、勇敢的物种为"高原之舟"，实在是因为人们根本不可能离开它的扶助，实在是因为牦牛负载着人们太多希望。牦牛牵引着人们度过一个个飞雪弥漫的艰苦岁月，直至花香草绿的春天重返人间。

牦牛的体态、行姿、精神，庄重而坚定，具有一种君主般的气概。在青藏高原栖息着熊豹、鹰鹞等种种猛兽巨禽，但是能够代表和体现这块大陆气质的生灵，唯有牦牛。

牦牛巨大的头颅，宽阔的前额，刚好和高峻、深远的高原匹配；粗硬、尖锐、弯曲的犄角，既是对于处境抗争的显示，也是等待顶领命运的象征；松厚的皮质，在高长宽三维拓展的耆甲，以及体侧下部密实生长着的长毛，犹如盔甲筒裙，可以抵御风寒，可以承受虫豸野兽的撕咬；牦牛的前肢短而端正，即使在狂奔时也带着一种礼佛般的虔敬，后肢则呈刀状，仿佛预示要在冰天雪地的困境中杀出一条生路。

我所描述的仅仅是已经被驯化、驯养，成为人类日常生活伴侣的牦牛。即便如此，我们也能从它们的眼神和形态上，感觉到这片草原上的庞然大物的非凡气概。

一头家养的公牦牛的体重可达六七百公斤，而野牦牛的体重可达一吨左右。当一头野牦牛愤怒地从自己的领地狂奔而来，它所面对的侵犯者足以被这种飓风般气势所吓倒。在汉文典籍中有不少描写这种神兽的文字，其力其劲，其势其神，丰富了汉语的表现力；《说文》中记载曰："西南夷长毛牛也。"《山海经·北山经》中则描述曰："潘侯之山……有兽焉，其状如牛，而四节生毛，名曰旄牛。"牦牛这一年轻而又古老的动物是高原先民最早驯化的牲畜之一。它伴随着这个具有悠久历史和灿烂文化的民族生存至今，已有几千年的历史。在藏族民众的传说和涉及历史地理、神话宗教、民俗民风的册页里，野牦牛的形象、故事、象征俯拾皆是。

野牦牛本然、浑厚、精健的气质，带着一种创世前的沉静、沉思和沉默，也带着一种创世般的刚强、开拓和奋进。当代藏族诗人伊丹才让，于此心有相通。他写下了一首颇具史诗风格的百行长诗《弯曲的牦牛角》，回溯这个来自神界的巨灵，在人类文明的变迁中的命运遭际。在诗中，伊丹才让的情感基点类似波德莱尔对于陨落凡间的信天翁的叹息，但是伊丹才让毫无波德莱尔的失败语气，而是在诗中大书特书牦牛永远抗争，直至悲壮牺牲的精神，和牦牛所来自的那个神话世界、古代世界无可替代的辉煌。

牦牛的藏语意为"钟"，是青藏高原十分珍贵的野牦牛种。伊丹才让起笔简洁有力地刻画出牦牛的形象：

一对旋转的粗实锐角，

从远古初露时就朝上弯曲；

角根如一双黑金的盾牌，

角锐似一对犀利的铁矛。


在诗歌第一节，诗人就暗示了牦牛和远古创世之间的关系，即"一对旋转的粗实锐角，从远古初露时就朝上弯曲"，接下来，诗人礼赞牦牛崇高的使命：


雪山之父佩戴着远古的盾牌，

镶嵌天宇万颗的灿星；

雪域之母装饰着远古的坚矛，

卫护着清明的碧波山水。


伊丹才让的这首诗将牦牛的神格写得格外雄奇伟岸，但是诗人的重点在于描述从神境而入人间的牦牛的性格和命运。这样一种天神的同伴，在凡间当然也是气宇非凡。

野牦牛是现在世界上体型最大的动物种群。成年的野牦牛的额颅特别宽阔，两只犄角之间，可以容坐两三个壮汉。行走在山坡的野牦牛，混迹于家畜的野牦牛，于今越来越难以相遇和目睹的野牦牛，被人们想象奔走于神话之间的野牦牛，现在渐渐有了回归记忆，回归时间，和人类告别的趋势。偶然，我看到野牦牛的照片时，不禁会生出"日月之行，若出其中；星汉灿烂，若出其里。"的感叹。假如我们想要挑选一件可以容纳宇宙的器具或者载体；在青藏高原肯定不会是神龟或者神秘水晶球，只能是牦牛——牦牛既象征着宇宙的全部，同时是宇宙个性十足的一部分。牦牛既负重着我们的全部生活，也负责承载我们的想象游渡多重世界。

# 三

20 世纪 80 年代，中国文化界打破坚冰，迎来了一个创造的黄金季。传统文化与当代文化的对接，世界文化与中国文化的交流，以及民族民间文化的重生和再造，都成了当时人们思想情感的一种表达。巨大的牦牛头颅，也成了一些艺术场所的标志。

当重达百余斤的野牦牛头颅悬置于某个艺术沙龙，或者某个艺术家的创作室时，它所带来的那种来自高处、来自旷野的能量，使得城市室内文化黯然失色。这种神物本来就该自由地驰骋于天地之间，攀行于冰峰雪岭之上，或者漫步在上帝的地毯——那绿色翻卷的草原。即使是其骸骨、骨架、头颅，也只有旷野才与之匹配；即使是只剩下头颅，也当得起时光的致礼。我曾写过一首题为《大漠·野牦牛颅骨》的散文诗，呈现被时光雕琢的野牦牛骸骨：

关于那强壮的兽的想象毫无意义，它存在于另一维度，是已消逝了的时间。血、肩胛，以及鲁莽被狂雪与暴日风尘逐日淹没。

腐肉剥落促成颅骨诞生。昔年躁渴难耐绝望冲突而终陷于黄沙之中的猛兽，如今以一颗硕大头颅继续与这傲慢的苦界相峙。继续着的相峙静谧而深刻。这在每个黑夜之后呈现倔强线条的颅骨，自有一种君王风度。

——生命原本是不可战胜的。

溢满力度的犄角。仰承时光蚕食而呈现痛人神经的脆弱鼻翼。那注视，那自一双空空眼洞的注视。颅腔内错落有致的骨质建筑间回旋的风。

大漠上一只野牦牛颅骨构成的沉重的明暗，压迫着人的视觉神经。

我向这样庄严的生命造型致敬！

从奔走到静止，从自由之躯到一具头颅，其实这是近百十年来野牦牛的命运。换句话说，百十年前的青藏高原上还生活着数十万头野牦牛；如果我们能够按动时光的后退键，那肯定会轻易看到，数千头野牦牛气势磅礴地行进于高山牧场的场面。那是造物的骄傲的手笔，是可以让目击之人动容震撼，体验生命之力量和美的启示。

遗憾的是，现代文明不可避免地来到了雪域。现代文明的枪声、商贸和不择手段，终于使野牦牛这个本来与人类和睦相处、从不设防的物种，在不断地猎杀中，数量越来越少。

野牦牛所面临的第一颗子弹，可能来自瑞典探险家斯文·赫定和他的随从。带着那时候欧洲人特有的傲慢与偏见，当这群来自地球另一端的人们突然发现悠闲散步的神兽，野牦牛那庞大坚实的身躯隐秘地刺痛了斯文·赫定。于是，一颗子弹飞向野牦牛；接着又是一颗……被激怒的野牦牛冲向这群卑鄙的人们……杀戮开始之后就无法迅速休止，人和野牦牛的关系就这样被破坏了，这是对我们和万物之间根本的契约的违背。作家、记者古岳先生在《走向天堂的野牦牛》一文中，写到了人们屠杀野牦牛的方式和手段，其间透露着一种令人发指的残忍和贪欲：

"据说，野牦牛可以循着子弹散发的火药味儿向猎人一路追杀而来。如果是顺风，它们灵敏的鼻子可以嗅到几公里以外的异味儿，尤其是人类的体味。自然界很多的野生动物都有这种奇异的本领，所以，有经验的猎人都会守着逆风的山口等待猎物。野牦牛是一种具有团队精神的生灵，当一群野牦牛在一起时，它们就是一个整体，在不同的环境里，它们中的每个个体都有自己的职责和分工。带领和指挥它们行动的是一头公牦牛。无论面对怎样的严峻形势，它都不会忘了自己的使命。它总会让自己处在相对危险的位置来保证群体的安全。当灾难来临时，它又总会自觉地冲在前面，用自己的生命来换取群体的安全。"

憨直的野牦牛怎么可能是心机百变的人类的对手。于是，一具具牛尸渐渐高过一些山坡。和大多数人一样，古岳也没有近距离观察过一头真正的野牦牛。他说："他触手可及的只有野牦牛的标本。"当古岳的手指划过生命气息早已不再的野牦牛标本的绒毛，他的内心涌起的是愤怒和忏悔。古岳这样写道："我不知道，人们为什么要把一个个鲜活的生命制成僵硬的标本……所有的标本都以热爱的名义出现都以仇恨的面目存在着……那些美丽生动的鲜活生命因此不能奔跑和飞翔了……所有的一切都已僵硬……每一个生命的死亡就是一个世界的结束……"

当生命成为标本，物种成为标本，留给我们的不仅仅是一种追忆和回想。在人类的歌唱中，挽歌、哀歌、恸歌尤其打动人心，因为这样的声音指向人心的最深处，因为其实每个人都明白丧钟为谁而鸣。

## 四

野性的血，也是珍贵的血。

被莎士比亚称作"万物之灵长"的人类，无论有什么样超越万物的能力，仍然首先是万物的一部分。和其他生物种类一样，人类同样来自自然的孕育，人的生命形成和发展同样是自然的结晶。大自然曾经是，现在是，将来也是人类和各种生灵的母亲，万物生灵的存在，可能是人类未来生存的启示和保障。

当我们肃清荒野、征服山岳、压榨大地、戕伐雨林、猎杀飞禽走兽，无所

顾忌地释放欲望，其结果只能是自己也找不到立锥之地，"落个白茫茫大地真干净"。野牦牛种数急剧缩减，实际上已经影响到了青藏高原植被、土壤和其他生物的生存。最突出的表现是，牧人的家养牦牛品种退化严重，适应性、抗病能力差，死亡率升高，皮毛杂色率也居高不下。

"礼失而求诸野"，基因退化而欲强振，一样要"求诸野"。寻找野牦牛，呼唤野牦牛，成了 20 世纪 80 年代以来青藏高原畜牧兽医科学研究和实验的一个重要选题。实际上，利用野牦牛为父本，早已是藏族人家的牧养经验之一。在高山草原和草甸，牧人是乐于见到野牦牛从远峻之处而来，混入自家的牦牛群，与眼神温和的母牦牛谈一场跨界的恋爱。其后，这样的牦牛后嗣，大多体质优良、形态健美，有效地改善了家养牦牛群近亲繁殖的窘况。当夏季草场的清新气息弥漫于蓝天大地，吸引野牦牛群靠近牧家领地时，也有大胆热烈的家养母牦牛跟随野牦牛，同赴自由之境。一年之后，或者更多的时光之后，有的牧人会喜出望外地看到，浪迹天涯、放弃生活相对有所保障的栅栏生活的娇俏母牦牛，正从远处向主人家的牧场奔驰而来。曾经的小母牛，已经是成熟的母亲，"她"的身后是一群健壮欢腾的小牦牛。牧人们欣喜于回到"娘家"的"孩子"，这种归来不仅意味着自家牦牛头数的增加，更是菩萨、神灵和天地赐赠的福气。

藏族的生命观、生活观和对于自然的认识，如同盐溶于水一样，达到了一种高度的贴合。因此，藏族的生态环保理念，远远超过近百十年来从西方传来的环保理念。在青藏高原，我们很容易地就能观察到藏族的生活物质链条，是以最小的代价取之于自然，却又以最大的可能归还于自然。比如，从青草到牦牛的食物，再到把牦牛粪作为家用燃料，在畜牧放养的生活情境中，体现了一种最简朴而又最高级的资源取用和归还的科学方式。其间既包含牧人敬惜天地万物的观念，也隐含着一种对青藏高原生态环境脆弱的深刻认识。在这个意义上，我们可能会更贴近地理解，牧人悠闲地看着野牦牛混入自家畜群的那种心态，以及看到自家母牦牛带着牛犊从远方归来的心情。"赐"和"赠"，在这些时候、在自然里意味深长，让人喜悦盈怀。

反向思考，我们同样可以理解牧人久久难见野牦牛踪影的那种惆怅和郁躁的心情，牛群萎靡不振，产奶量锐减，肉质下降，牦牛出生率不高，肯定不是一件吉祥的事情。在这样的情景中，传说中的野牦牛，和作为镇宅驱邪的野牦牛头骨，还有有关牦牛的节日，都以某种预言和寓言方式暗示了人类行为的一种亏欠，暗示了重获上天垂爱，得到生命本源力量的途径和可能。这种渴求导致了不同身份的人们的共同行为：寻找野牦牛。

从四十年前起，追踪野牦牛、记录野牦牛、认识野牦牛，成了牧人、生态学家、生物学家、人类学学者以及政府官员共同的话题。近些年来，通过社会各界对于生态环保的推动，野牦牛又不时驰入人们的视野。在青海，无论是果洛草原，还是祁连山脉，或者是昆仑山系，都不时发现有孤独的野牦牛兀立山脊，或者成群的野牦牛奔腾旷野。家养牦牛与野牦牛成亲结缘的喜事，也像解冻的冰河重新在河源和江源的草地上发生。

更可喜的是，野牦牛中的一些极为珍贵的品种，也有复原并扩大的迹象。2017 年，西藏电视台完成了一部名为《金丝野牦牛》的纪录片。金丝野牦牛因其毛色呈金黄色而得名，其牛角与牛蹄呈白色，数量比大熊猫还要稀少。金丝野牦牛仅分布在阿里地区和那曲西北部，目前数量不足 200 头。这种野牦牛生性高傲，不与其他色系的野牦牛集群生活和繁殖。藏民族把金色野牦牛奉为神牛，认为象征着好运、平安、幸福，都以能见到神牛为荣。摄影组历经三年，终于在羌塘草原拍摄到了总数量大约为 100 头的金丝野牦牛群。

青藏高原的"黄金神兽"，能够被摄像机所记录，是一种吉祥的征兆，也是青藏高原生态环境逐渐向好的一个风向标。

# 五

中国已有三千年以上的牦牛驯养历史。世界上现有牦牛大约 1300 万头，85% 分布在青海、西藏、四川、甘肃等省区。剩下的 15%，分别分布于蒙古国、中亚地区和俄罗斯的高地。

作为青藏高原最大的哺乳动物，牦牛的驯化和放养，主要由高原游牧民族完成。范晔的《后汉书》中写道："冉駹夷出旄牛，重千斤，毛可为旄，观此则牦牛之名盖取诸此。"这是古人作出的推测。实际上，如果深入藏文化的丰富世界，我们才可能感受到牦牛在藏民族文化心理的多义性和主要象征，才能理解牦牛和藏民族的精神信仰、生活实际之间密不可分的联系。牦牛这一年轻而又古老的动物，是藏民族先民最早驯化的牲畜之一。从这个驯化过程，也能窥测藏民族文化心理的成长史，生产和物质的发展史。因此，在藏族的神话传说故事中，牦牛的含义极为丰富。

有一则关于牦牛的传说是这样的：一个名叫色安布的小伙子，从一只小鸟处收到山神儿子带来的信。信中说，山神要把女儿嫁给他。小伙子很高兴地答允了这门亲事。山神把大女儿变成一头猛狮，色安布见了很害怕；山神把二女儿变成了一条蛇，色安布望而却步。山神把小女儿变成了一头野牦牛，并向他猛攻。色安布沉着地用神赐的魔棍一点，野牦牛变成了一个姑娘。色安布与姑娘成亲生子，生活在一起。很久之后，姑娘上天去了，她留下的唯一的儿子，成了藏族塔拉克氏族的祖先。

这是一则文化寓意相当深厚的民间故事，其中暗含藏族对于自然的认识，隐喻着藏族先民的牦牛驯化史，以及与牦牛建立的亲人般的共生关系。把自己的族源和牦牛联系起来，不仅仅因为牦牛是藏族生活中须臾不可离的伙伴；更是因为牧人从牦牛那里获取了一种相符于雪域高天的审美观、生活观和精神支撑。

藏族史书《西藏王统记》中，也有类似的神话记载：止贡赞普与大臣罗旺达孜决斗，罗旺达孜用计杀死赞普，夺了王位，并命止贡赞普的王妃牧马。王妃在山上放牧时梦见与雅拉香波山神变幻的一位白人结合。醒来只见一头白牦牛从身边走开。这位王妃妊娠后生下一个血团。她把血团放在一只野牛角里，孵出了一个儿子。这个儿子就是后来西藏历史上著名的如列吉意即，他的名字的意思是从角中出生的人。

从以上两则传说中，可以看到藏族对于牦牛强烈的情感认同。藏族的山水崇拜，尤其是神山的化身，更是明白地显示了这个伟大民族对于牦牛护持的感恩之情。从西藏到青海、甘肃，再到四川、云南，青藏高原的高峰巨峦，组成了地球上的高海拔俱乐部，其山神漫步云际，穿行人间，蹲守四野，成了一方民众心理的依靠。有意思的是，雅拉香波、冈底斯、念青唐古拉、阿尼玛卿、年保玉则等著名的山神，他们的化身都是白色的牦牛。将神圣、崇高、纯净、吉祥的白色，和生产生活中的伴侣——牦牛结合起来，藏族就这样发明了一个通联神界与凡间，力量与审美高度融合的文化符号。这种文化象征既具有世界文化的普遍性，又带有青藏高原显著的特征，在今天仍然值得深深品味。

像人地一样坚实的牦牛，带来安康生活的吉祥的牦牛，教会人们发现美的结构的牦牛，当得起各种礼赞。但是，思维能力强大、逻辑推导严密的藏族，不是单一地看待主观和客观世界，对于牦牛的认识和表达，附着藏族的发展记忆和对艰辛生活的根本认识。牦牛的凶猛和蛮力，应该给几千年前的驯牛人留下了深刻的印象，这种印象理所当然地成了后世对于牦牛的另一种表述。比如说，那则关于朗达玛的传说中就含着对于牦牛之猛力地暗写。那则传说如下：有兄弟三人在祈祷时只为自己，而忘记了向佛祖推荐牛，牛知此事后，发誓来生要毁灭佛法，即转生为达玛赞普，头上长出两个骨突，状若牛角，形象凶恶。在长篇巨型史诗《格萨尔》中，则将牦牛描述为力大无比的神：北方魔国魔王的寄魂红铜角野牛被岭地人们煨桑时燃起的桑烟所激怒，先后冲入聚集的霍尔和岭地人马中间，造成了人畜大量伤亡。在史诗中，野牦牛具有撼天动地的力量，它的出现带着风暴、日食、野火等可怕灾难的能量。

采取内分法，辩证地认识和理解牦牛，认识我们身在其间的天地和事物，显示了藏族精准的观察力和思想力。这样的认识不仅完整清晰，而且价值取向褒贬有度。野牦牛的力量和凶悍，被民众充分利用，成了镇宅，护守家庭和财产的保护神。当年，可可西里盗猎猖獗之时，索南达杰等人组成的野牦牛队成为那片净土生灵的守卫者，保卫了藏羚羊，其功勋永存江源。

虽然，人们惊惧于自然（牦牛）原始的伟力，但是，对于自然（牦牛）的赐予更是感恩礼赞。在藏族神话中，人们把野牦牛称作天上的"星辰"，古老的藏歌中时常出现神牦牛巡游人间的奇境。神牛和后来传入的佛教结合，使得白牦牛的地位上升。据说，莲花生大师初到藏地降伏白牦牛，并让白牦牛神成为了藏传佛教的护法神。对于白牦牛的崇拜和礼赞，千百年来贯穿在藏家儿女的生活里。就在甘肃天祝藏族自治县，牧民才旦和儿子两代人经过了30年的努力，建立了自家100多头白牦牛核心种群。天祝白牦牛是海拔3000米以上高寒草原上的特有畜种，是稀有的珍贵遗传物种。最有力的文化传承和生物生态保护，来自人们自觉的认识和自觉的行动。天祝白牦牛就是这样成功的案例之一。

# 六

金丝牦牛、白牦牛固然珍稀，但是和藏家儿女的日常生活息息相关的，只能是黑牦牛和杂色牦牛。让最普遍的事物，成为世界的支撑，这可能是造物的智慧。普通的黑牦牛和杂色的牦牛，负载牧民的希望，负载着一个个部族的兴衰。

在漫长的游牧放养史中，藏族和牦牛形成了唇齿相依的关系。藏族的创世神话讲述万物起源时，将重要事物都归总于牦牛："牛的头、眼、肠、毛、蹄、心脏等均变成了日月星辰、江河湖泊、森林山川……"安多地区流传的神话故事《斯巴宰牛歌》应和了以上创世神话："斯巴最初形成时，天地混合在一起，分开天地是大鹏。""斯巴宰小牛时，砍下牛头扔地上，就有了高高的山峰；剥下牛皮铺地上，便有了平坦的原野……"斯巴的意思是"宇宙""世界"，这就是说，世界的主要物质是牦牛构造的。

牦牛首先是世界的基础，然后随着驯化史的发展和牧人一起顶着浓稠的大雾，从古代走向今天，从一处草场走向另一处草场，和人类共同创造了一种高原文明。《后汉书·西羌传》中写到河湟羌人时说："至爰剑曾孙忍时，秦献公初立，欲复穆公之迹，兵临渭首，灭狄、戎……其子孙分别各自为种，任随所之，或为牦牛种，越嶲羌是也。"

从雅隆河谷最早出现的"六牦牛部"，到牦牛羌，再到牦牛郡、牦牛县、牦牛河、牦牛沟、牦牛山、牦牛谷，把青藏高原称为牦牛的世界不是夸张之词。高原先民和牦牛在这片大陆同生共长，成了文明的象征。从《后汉书·西羌传》中，我们可以看到，那时候河湟羌人已经开始驯养和放牧牦牛了。至公元310年，吐谷浑人进入青海海南、海北、海西，继续驯化放养昆仑山、祁连山地区的野牦牛，牛群仍然是他们生活和经济的主要资源之一。一句话，游牧高原，牦牛、羊群、马匹、护犬，都是部族和牧民家的标配。在夏季，当旅游者拿起手机或者相机，在高山草甸或者湖边草原，把黑宝石一样灿烂的牦牛群摄入镜头时，可能很难意识到这种动物其实是高原的象征，是高原文明的基石，也是高原人家的一员。

青藏高原恶劣的自然气候条件，脆弱的植被生态，对游牧提出了严峻的考验。逐水草而居的大范围游牧，半定居的小范围游牧和季节性游牧，是藏族牧民采用的三种最基本放牧方式。无论哪种方式，所蕴含的艰辛都非外人可以完全感受和认识的。

以长江源头和黄河源头的广大区域为例，这一带草场辽阔，物种繁多。然而，因为冰冻期长，风沙大，草场返青晚，所以，牧草不丰，载畜量有限。在这里游牧的牧民一年四季频繁搬家，以求取牛羊可以生息之地。千辛万苦找到的牧场，居住时间最多却不能超过两个月，短则五到十天就得搬家。生存环境就是这样考验人的承受力。

藏历二三月间，青藏高原大部分地区都还大雪纷飞，气温极低。这里的牧人们却只能告别日渐荒芜的冬季牧场，从唐古拉以北向唐古拉以南的夏季牧场迁徙。黝黑的脸，皲裂的手，老人蹒跚的脚步，婴儿的啼哭，灶膛的火焰，残剩的奶茶，正在被虔诚收起的佛像……所有的一切，都被编织在迁徙的长旅中。成年男子和他们的妻子是这个行旅的指挥和主要实施人，而牦牛则是这支队伍物资的负载者。一头牦牛的寿命大约是15年至20年。牦牛长到四岁即可负重，几百斤重的东西压在这个沉默生灵的肩背，听着它们的咀嚼声和喘息声，人和羊群才踏踏实实地走向前方。

　　一般牧人全家的物品，大约有 10 头牦牛就可以驮完；富裕的人家可能需要二三十头。在风雪吹得人畜睁不开眼睛的山麓，山腰和山崖，只有排在羊群前面的牦牛一步一步，不紧不慢地踩踏着大地，驮在它们身上的一些货品间或发出碰撞的声音，那沉闷或者响亮的声音仿佛是种鼓舞，给予牧人极大的心理安慰。

　　这时候，我们才能理解为什么牦牛被称为高原之舟。牦牛坚实的犄角，硕大的头颅，厚重的躯体，沉稳的步伐，从风雪中浮现出来，恰似一艘艘舰船从迷雾横锁的江河中沉静驶出。

　　三月草发芽，四月黄杂绿。在这青黄不接的季节，无论是对采取哪种方式放牧的人们来说，都是饥馑的时刻。为了躲避大雪、大风和降温，牧人要审时度势，规划迁徙路线，尽管如此，有些灾难仍然不可避免。在迁徙途中，遇到人畜难以通过的风雪地区，往往是负重的牦牛排在人和羊群之外，以厚厚的长毛和敦厚的躯体抵御风雪。我读过有关报道，有牧人迁徙时遇到暴雪，被困很长时间后终得救。牧人之所以能挺到救援时刻，就是因为外围的牦牛即使已经冻僵，也仍然挺立着护持着里面的人和羊群。

　　古希腊剧作家埃斯库罗斯曾说："人类应该向苦难学习。"何止是该向苦难学习，我们还应该看看身边这些面对苦难的生灵，在它们身上流露着一种来自洪荒时代的天真和勇敢，智慧和责任。牦牛就是这样的吉祥灵兽。

## 七

　　游牧、转场、迁徙，牧人就是在这样的行动中了解气候地理，认识霜天万类，定位自己和世界之间的关系。这一切，首先来自生存的需求。

　　羊群和牛群是牧人在这高寒大陆的生活保障。耐寒怕热、体形庞大的牦牛，给牧人在衣食住行等多方面提供了保障。

　　牧民的家是驮在牛背上的。无论游牧到什么地方，人们首先要做的就是把支撑帐篷的木桩砸入地下，把四角的牛毛绳子系紧，然后在帐篷中穿入一梁，以两根立柱支在梁下。这样，一座牧人的住房就像蘑菇一样顶立在草地上。

需要说明的是，帐篷大都是由牛毛织就的。一头公牦牛每年可剪毛一次，抓绒一两次，一年可以剪两三斤毛。牛毛密实厚重，是遮风挡雨的好材料。在今天，尽管那种追风逐月、寻觅水草的游牧生活已经离我们越来越远了，然而，黑牦牛帐房仍然留存在藏族牧人的记忆里。有歌词唱道："走过的帐房都忘了/唯有姑娘的黑帐篷忘不了/忘不了……"牦牛帐篷伴随藏家儿女生活了千百年，它所提供的不仅仅是实用功能，同时还是一种文化和情感的符号。

这种情感记忆，被青海玉树人放大了。2015年，索才制作了三顶1000多平方米的大型牛毛帐篷，每顶价值100万元左右。世界纪录认证机构在玉树巴塘草原对其进行测量，显示其中一顶牦牛黑帐篷单体总面积为1711.08平方米，被认定为"世界最大牦牛黑帐篷"。

温暖的家来自牦牛的赐予，饮食一样也离不开牦牛滋养。牛奶以及由牛奶所制作的酸奶、酥油、奶渣，都是牧人的主要食物。每年五六七三个月，是高原草场最为丰美的时节，天空明净，空气清新，碧水叮咚。这时，也是牦牛产奶最多、质量最好的时候。最好的奶牛在这三个月每天能产六七斤奶。藏族女性蹲在母牛身侧挤奶的场景，成了许多艺术家和作家的素材。这时候，女人们的辛劳也带着一种富足的光芒。天刚破晓，她们就挤过了头道奶，然后，男人们将牦牛放出去吃草。中午，牛群就被赶回来，休息片刻，以便再次挤奶。挤完奶后，牛群再次被放牧于青绿草原，直到太阳落山前赶回。趁着暮色还没有完全铺向大地，女人们第三次拎来木桶挤奶。天气暖和，牛羊放牧时间长，羔犊正在长大、上膘，畜群安闲，间或发出的声息也带有着一种满足和适意。帐篷里的灯火亮了起来，忙碌了一天的人们坐在散发热气的茶饮前，享受草原美好的时光。

从驮运行走到贡献牛奶、牛毛牛绒，再到牛肉牛骨牛血，牦牛把自己的所有都奉献给了人类。风干牦牛肉，是牧人家家必备的食品。干硬、有些刺嗓的牦牛肉干，最大程度上保证了营养，给在日常生活中需要付出巨大体力的人们提供了能量。牦牛粪一样是草原上的宝贵东西。对于半游牧和采取季节性游牧的人们来说，牦牛粪不仅是燃料，同时也是绿色环保的保温材料。在他们的冬季草场定居点，我们通常会看到土坯房和用于御风保暖的牛粪圈。

牦牛具有极强的耐力、耐寒力，牛乳、牛肉、牛毛、牛粪都是一代代藏民族得以生存发展的生活资料。随着游牧、放牧生活方式的转变，围绕牦牛开发的一系列产品，成为青藏高原对外特色经济的重要链环。集群或圈养应该是牦牛品种退化的原因之一。据《西海都市报》2017 年 12 月 27 日题为《青海省已有 3 处国家认定牦牛资源》一文报道：经过 20 余年的不懈努力，2004 年利用野牦牛为父本培育的产肉性能、繁殖性能、抗逆性能高于家牦牛的遗传性能稳定的牦牛新品种诞生了。该品种是世界上第一个人工培育的牦牛品种，填补了我国乃至世界牦牛育种史上的空白。

野牦牛的种群数量正在增加，家养牦牛的体质正在增强。作为世界牦牛之都，青海向世界展示了与众不同的形象。

## 八

牦牛身具神性、野性，也通人性，在人类所驯化的动物中兼有以上三种特性的并不多见。即使在家养牦牛身上，我们也能瞥见那种来自造物的神秘和威猛。在甘南，在海北，尤其在地形如摊开的牦牛形状的果洛等河源江源地区，成百上千的牦牛群散布或者奔跑在草原上的情景，十分美好和震撼。当牦牛回头望着车上或路边的游客，那种眼神瞬间就可以让人们安静，感受到世界原初的那种庄重。当牦牛从草地起身时，那种天地王者般的存在拨响了诗人昌耀灵感的琴弦，他知道这意味着一百头雄牛噌噌的步伐，一个时代上升的摩擦。

昌耀的听觉灵敏，他听到了一个变革时代的"步武"正是通过草原雄牛得以传达，接着，他知晓了变革的阵痛和牺牲：

犄角扬起，

一百头雄牛，一百九十九只犄角。

一百头雄牛扬起一百九十九种威猛。

立起在垂天彤云飞行的牛角砦堡。

号手握持那一只折断的犄角，

而呼呜呜……


尽管牛角可能会折断，尽管牦牛可能会牺牲，但是重大变革时期需要行动者。《一百头雄牛》这首诗中，昌耀在最后一节这样写道：


一百头雄牛低悬睾丸阴囊投影大地。

一百头雄牛低悬的睾丸阴囊垂布天宇。

午夜，一百头雄牛荷尔蒙穆穆地渗透了泥土，

血酒一样悲壮。


在当代文学艺术对牦牛的刻画中，昌耀的这首诗歌熠熠生辉。诗歌中的牦牛，是一种人类向世界，向宿命挑战的象征。这样的牦牛形象远远高于为求生而搏斗的牦牛；因竞技而喜悦的牦牛。

具有这样神性光芒的牦牛，是人类称颂、比拟、获得生命启示的源头之一。在牦牛身上，人们不时会意识到文明初期，自我精神和身体的那种健硕和灵敏。诗人伊丹才让写道：


坦途上我欣赏马蹄的速度／沙漠里我钦佩驼背的重负／但是连岩鹰都胆战心惊的雪山上／我看见吐舌的牦牛像跃涧的猛虎！


只有和牦牛一起从野性时光走到今天的人们，才能意识到温和的它们深藏着"跃涧的猛虎"一样的能量，召唤人们振作起来勇于开拓，勇于奋进，勇于

牺牲。

这样的感受和认识在青藏高原的古岩画上得到了充分的表现。位于西藏自治区日土县境内的露天崖壁岩画，用青藏高原最为原始的岩画制作方式，通体凿刻剪影，密布敲琢构形，意蕴丰富。岩画内容以牦牛为主，特别突出牦牛的身体和行为特征：厚重肥硕的躯干，小头圆角，拱背垂腹，四肢粗短有力，牛尾上扬，蓬勃向上的跃动感显现于山石之间，活力十足。

位于青海省格尔木市郭勒木德镇昆仑山下的野牛沟岩画，则从单纯的动物雕刻转换为人与动物关系的表现。岩画不但有牛、鹿、骆驼、狼、豹、鹰等200多个个体形象，还有狩猎出行、歌舞、畜牧等活动场面。狩猎是远古先民重要的生存手段。青海海西卢山巨幅岩画，在三十余平方米的区间，牦牛、马、羊、鹰、豹、虎，尽显朝气，而人类狩猎、战争、放牧、生殖的场景以及古藏文字，则直观地显示了先民的生活。最引人注目的是一幅车猎图，展现的是人类与野牛为生存而搏斗的生动场面。图中，车厢上站立一人，正奋力拉弓射杀身后的野牦牛。无名的作者使用垂直凿刻和磨刻两种手法，每个线条都极为流畅、优美。相似的画面也出现在西藏日土鲁日朗卡岩画中，这幅狩猎图画面的右侧是三个骑马的猎手，引弓搭箭，作欲射之势，一位捕猎者从侧面包抄，两头牦牛由于受惊而狂奔，左上角还有一猎犬狂吠堵围，头顶数只鹰盘旋飞舞，骑手、徒步者、猎犬相互合作，画面定格了这即将收获的一刻。

在与自然争取生存空间，与动物争取生存权利的那些岁月，人类的大脑和肌体得到了强力锤炼。竞技体育其实就是那些狩猎经验、战争记忆的一种模仿。在高原先民的生活史中，人类与牦牛从争斗慢慢转入合作。驯化和畜牧同样在古岩画中留下了影像。西藏日土塔康的畜牧岩画上牦牛和人和谐共处，畜牧方式和今天已经极为相像。在西藏札达盆地的岩画中，五头牦牛缓步而行，一执鞭人悠闲地跟随其后。牦牛体格健硕，牛角如钩，但是方向一致，按照牧人的意图前行，画面极具生活情趣。

正是在几千年的同生共长中，人类一步一步地调整着和自然，和牦牛的关系。对于大自然是生命之母的观念，已经成为人类共识。同样，牦牛之于人类文明所起到的作用，高原人民铭刻于怀。

作者简介：

郭建强，1971年出生于青海西宁。著有诗集《穿过》《植物园之诗》《昆仑书》，散文随笔集《大道与别径》等。获青海省第六届和第八届文学艺术创作奖，第二届中华优秀出版物奖，《人民文学》2015年度诗歌奖，2017年《文学港》储吉旺优秀奖，第二届孙犁散文奖双年奖。现为中国作家协会会员，中国诗歌学会理事、青海省作家协会副主席，西宁市作家协会主席，青海法治报总编辑。

# 到昆仑山巴拉达泽寻访野牦牛

才仁当智

    这里是海拔 4500 米至 5000 米的地球第三极，昆仑山似苍龙遨游、银蛇舞动，又似一座天然的雪长城，把世间的喧嚣阻挡。

雪山下成群的牦牛

昆仑山以东山脉主峰巴拉达泽（又称玉珠峰）酷似西藏阿里的神山冈仁波齐，终年积雪，巍峨高耸。不远处的湖泊又似玛旁雍错，一片蓝天直接掉在水中。牧人、野牦牛、藏羚羊、普氏原羚、雪豹、黑颈鹤、金雕、狼和熊为主的飞禽走兽，雪山、湖泊、沼泽、密集的河流及与之相匹配的蓝天白云、日月星辰共同组成了一幅相互依存、和谐共生的生态画卷。牧民一代代地将这里的地名口传下来，说这片土地起初谓之"昂日日晷"，意为"青色的山梁"，蒙古语也将此地唤作可可西里，意思也是"青色的山梁"。范围也不只是现在的可可西里地区，而是泛指昆仑山脉以西、以北、以南的广大区域。

这里最为突出的特点是千年不化、逶迤连绵的昆仑山，还有这里特有的原生物种野牦牛。其他的高原野生动物似乎遍及青藏高原，但是野牦牛的原牛和原产地就在于此。

一

打开网络搜索，关于野牦牛是这样描述的："野牦牛（拉丁学名：Bos mutus），是家牦牛的野生同类，四肢强壮，身被长毛，胸腹部的毛几乎垂到地上，可遮风挡雨，舌头上有肉齿，凶猛善战。栖息于海拔 3000 ~ 6000 米的高山草甸地带，是典型的高寒动物，性极耐寒，为青藏高原特有牛种，国家一类保护动物。

有野牦牛分布地区的家牦牛其体格和产肉量要比没有野牦牛分布地区的家牦牛具有明显优势。受孕雌牛每年 6—7 月份产仔，妊娠期约 240 ~ 250 天，每胎 1 仔。幼仔出生后半个月便可以随群体活动，第二年夏季断奶，寿命为 23 ~ 25 年。野牦牛与家牦牛交配后，其第一代杂交牦牛幼崽性情凶猛暴烈，野性难驯，第二代杂交牦牛幼崽体重比野牦牛重 42%（曲麻莱县种畜场，1983 年），这在畜牧业上具有十分重要的意义。

"野牦牛是高原牦牛的先祖，生活在被称为人类禁区的高海拔地区，这是因为人类放大了自己的活动区域，将野牦牛逼到昆仑山下，这里宛如一处墙角之地。"才仁扎西说："现在在昆仑山以东的巴拉达泽雪峰四周活动有上万头野牦牛。这些野牦牛中没有地位的野生公牦牛每年6月、7月、8月，来到牧民的牦牛群进行交配。一方面对牧民的牦牛种群改良，起到了很好的提纯、复壮作用，另一方面也构成了人与野生动物相联系的生态链，这种链条自人类驯服部分野牦牛起就已经形成。"

二

　　2021年7月29日至31日，玉树州农牧科技局、囊谦县政府组成野血牦牛及金丝野牦牛考察组，行程2000多公里，走访曲麻莱县3个乡镇、4个村9户牧民家庭，与牧民同吃同住，交流、学习、探讨生态保护及野血牦牛养殖和相关产业发展的思路前景及存在的问题。重点是如何进一步提升玉树牦牛的知名度，如何搞好原生农产品种子保护、畜疫防治和打造野血牦牛产业和树起金丝野牦牛的新品牌。

　　"喂，你们到哪里了？格玛村的旦江和更求东周在路边等你们。"托俄俄

野牦牛考察组人员

加生态畜牧业合作社的副理事长义西尼玛的电话那端说向导已在路边迎接考察组的到来。考察组的第一站要到有金丝牦牛的牧民旦江的牧场。沿着不冻泉方向的柏油路约行驶 3 个小时后，我们在路边看到一辆墨绿色的"兰德酷路泽"越野车边有一个大人和一个小孩子在等着。大人就是旦江，标志性的八字胡格外醒目。"更求东周呢？"有人问道，旦江指了指身边的小孩子说："就是他。"更求东周穿着现代藏式小马甲，小朋友格外精神，小脸蛋红里透黑，透着高原孩子的健康，他笑靥灿烂，露出雪白的牙齿。

原来更求东周的母亲听说今天有兽医要来，早早地灌好了血肠，正在忙着炸油馍馍呢。大儿子和儿媳出牧了，其他两个孩子到县城上学了，只有 7 岁的更求东周陪父亲给工作组当向导。这令大家感动，连说感谢，赞美小小的康巴"人小有志气"。在牧场他也显得特别能干，一会帮助摄影师扛支架，一会帮工作组人员拦挡牧羊犬，一会展示他家的一代野血牦牛牛犊。

当天晚上，考察组住在旦江家的帐篷里，听旦江说有关野血牦牛的故事，畅谈野血牦牛及金丝野牦牛产业的发展前景，小康巴更求东周 9 月份就要上寄宿制小学，家里又少了一些欢乐，多了一份明天的希望。

曲麻莱县秋智乡格玛村的牧民旦江有 300 头牦牛，都是野牦牛与家牛配种的一代、二代，有优质草山约 3 万亩。他于 2021 年 3 月从农行申请了 2 年为期限 50 万元的牦牛贷，购买了 50 头普通牦牛，使宽裕的草山得到利用，野牦牛与家牛配种生产出更多的野血牦牛。同时，他还养殖金丝野血牦牛。旦江说："金丝野血牦牛是高原上的名贵品种，市场价格不断攀升，成年的一般在三万元以上，且供不应求，一般都不往外卖。"

金丝野牦牛也叫金色野牦牛，在曲麻莱县有 200 头左右。其毛色最好的时候在秋天，全身呈金色或者金黄色，我们在旦江家看到的金丝野牦牛为棕红色，野牦牛一般为黑色和褐色。用望远镜细细辨认金丝牦牛的毛是红色与金色相间的，其外部的样子与其他野牦牛并无两样。

"玉树牦牛现在成为国家地理标志牛种，有'中国牦牛看青海，青海牦牛看玉树'的说法，成为驰名国内的优势牧业资源。而野血牦牛又是玉树牦牛中

在曲麻莱县有这样的金色野牦牛逾 200 头

的佼佼者，堪称王牌，金色野牦牛又是其中的金字招牌。"才仁扎西说，"发展野血牦牛和金丝野牦牛，打好'种子翻身仗'，惠及民生，玉树有着得天独厚的优势和条件。现在我们在关于农产品种子方面做了近 5 年的调研，比如扎什加羊、玉树牦牛等都已经成功通过国家级地理标志农产品登记和品质鉴定，进入国家畜禽遗传名录，下一步还要把遍布曲麻莱县各乡镇的金丝野牦牛保种工作做实，把昂拉村的藏系羊推出去。"

旦江一家人与考察组道别

# 三

曲麻莱县曲麻河乡昂拉村二组是我们前往考察的第二站，在这里工作组深入 6 户牧民牧场，了解野牦牛进入家牛群的情况，晚上住在了驻牧昆仑山巴拉达泽山对面的达瓦家里。在这里我们领略了"昆仑山下好牧场"的壮美景色，品尝了富有创意和美味的肉蓉方便面泡野血牦牛奶。不想，半夜两点闹肚子起夜，出了板房门解决，很纳闷白天刚到时疯狂吠叫头撞在汽车上的牧羊犬，此刻却蜷缩在一旁假寐，应了"牧羊犬不咬从帐篷里出来的人"的说法。在南边山后的罗松求丁家，有野牦牛与家牛繁殖的第一代杂交牦牛 650 头，7 月 29 日有 6 头野牦牛混杂在牛群，他说到八九月份野牦牛的数量将达到 20 余头。而那些跑到家牛中的野牦牛是野牦牛公牛中的弱者，它们无法突破纯自然优胜劣汰的法则，必须在牧民的家牛群中繁衍，这使牧民的家牛持续得到复壮，野牦牛也成了平衡人、草、畜关系的使者。才旦加今年 25 岁，他在玉树州三基干部学院学习过三次，被昂拉村党员和村民选为党支部书记。他头脑灵活，办事公道，有着"组织部门重点培养对象""牧民群众的招财童子""脱贫致富领头羊"的名号。有一次上级给他一套鸭绒衣，他问其他人有吗，回答说没有，他说我穿上也不合适。

才旦加说："我们昂拉村是名副其实的野牦牛原产地，保护野牦牛可持续发展畜牧业是我们的传统。同时，这个传统符合习近平总书记提出的生态文明思想，必须坚持下去。"他信心十足地说："现在行情是一头野牦牛与家牛产的二岁牛犊可以卖到 8 千元至 18000 元，大一点的更值钱。今年我们村有新生牛犊 2000 头，群众增收我们有十分的把握。"据了解，昂拉村有大然优质草场 436 万亩，其中那日拉德、帮尕玛的草山面积占 109 万亩，被划定为永久性的禁牧区，成为野牦牛专属的繁衍栖息地，野牦牛在这里生活繁衍可以不受任何侵扰。同时 153 户每户任命一名生态管护员担任国家公园护工，负责野生动植物的观测、救护及环境的整治，另外还负责巴拉达泽雪山即玉珠峰的旅游观光和生态管护。

这次考察组的主角之一陈继勇是玉树州动物疫病预防中心的副主任，他向乡镇村社负责人和牧民群众宣传畜疫防治的法律法规和处置疫情的流程方法。如果发生疫病，一定要及时按要求上报，不能瞒报、漏报，以做到及时处置，

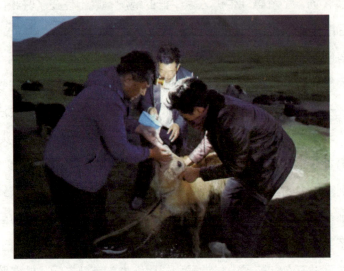

深受牧民欢迎的州兽医站副站长陈继勇给小牛犊灌肠

以箭在弦上的紧迫感重视疫病防治，行稳致远，将问题消灭在萌芽状态，将损失降到最低程度。才仁扎西表扬他是青海湟源牧校毕业的优秀学生，处处体现"团结、创业、奉献、求实"的风范，爱岗敬业，不问寒苦，默默奉献，是牧民群众心中的"牛大夫""守护神"。

　　29日晚上，夜宿旦江家时，陈继勇听说有一头金色野牦牛牛犊得了痢疾，立即放下碗筷前往诊断，他用老师传授的土法，给奄奄一息的金丝野血牦牛牛犊灌肠舒胃。第二天早上，我们发现小牛犊摇动着小火炬般的尾巴，跳来奔去，憨态可掬。他说："没有畜疫防治的牧业，只能挫伤群众养牛、养羊的积极性，对畜牧业失去信心，是不可想象的！"

# 四

以习近平同志为核心的党中央高度重视种业工作，在 2020 年召开的中央经济工作会议上，中央工作经济会议提出："开展种源'卡脖子'技术攻关，立志打一场种业翻身仗。"作为青海省四大牧区之一的玉树在种质资源保护、育种科技、种业产业化等方面凸显出了特有的基础和竞争优势，发展前景极其广阔。近几年来，玉树州畜牧业在解决好种子问题上，农牧科技工作者始终保持头脑清醒，把加强种质资源保护和利用作为首要任务，经过点的积累形成面的格局，在种子库建设和优质专用品种选育上有了新的起色。同时，以目前不断发展壮大、规范运行的生态畜牧业合作社为平台，以生态保护优先为前提条件，科技先行，建好基地，推进优势资源变成优势产业，继而达到人与自然的共生共荣、和谐可持续。

习近平总书记强调，青海最大的价值在生态、最大的责任在生态、最大的潜力也在生态。我们通过对昆仑山以东向南山脉的考察，深感人与自然和谐相处的生态试验田就在这里，"绿水青山就是金山银山"的理念深入人心，生态优先、生态和谐以及其价值、责任、潜力得到了最好的验证。目前，玉树州农

野牦牛与野血牦牛的家园

牧科技打好种子翻身仗，发展牦牛产业，培育野血牦牛，打造金丝野牦牛品牌的思路已经成熟，通过建设生态高地，必将使牧民群众的民生随乡村振兴战略再上新台阶，获得感、幸福感和安全感得到不断提升。

五

　　昂拉村一社的牧民扎西从治多从附近牧区购买了二十几头普通的母牦牛，他说："野血牦牛养殖利益可观，但是一代、二代野血牦牛野性较强，母牛挤奶非常困难，弄不好会有人员伤亡，得不偿失。喝不上牛奶，吃不上酸奶。不仅我们的身体得不到所需的营养，还影响了我们的生活质量。"这使考察组更加觉得畜种结构调整的课题不仅仅是牦牛体质复壮的问题，更是涉及生活的民生大事。有一户牧民家因牛犊得了传染性痢疾没有及时报告，死了20多头，牧民的损失较大。好多乡镇的兽医人员对注射疫苗和处置病疫情况不上报，貌似安然无恙，实则后患无穷。这对畜牧兽医工作提出了新的要求和挑战。近年来以棕熊、狼为主的兽害较为严重，群众的放牧方式有待于改进，这也是一个关乎如何摆正人与生态关系的问题。与我们一同前往摄影师旦增桑周为大家演示用无人机放牧，建议村社合作社成立正规无人机中队，用于驱赶野兽、归牧，这既能减轻牧人劳动强度，还能保障牧人生命安全。

同行的摄影师旦增桑周演示无人机放牧　　　考察组与昆仑山下的牧户合影留念

31日下午2时,工作组到达最后一站——牧民才仁的帐篷,他们家有4口人,两口子都是年纪不到30岁的年轻人,大的孩子3岁,小的是出生不到一个月的新生儿。在场的人都替这个婴儿担心,万一有个头疼脑热怎么办?这里距离公路80多千米,与其他牧户也有40千米的距离。但是,女主人卓玛说:"大孩子还是冬天生的,气候比现在差多了。没有关系,这里的孩子就是这样出生,这样长大的。"是的,生活在这里的人也有着野牦牛一样耐寒而强健的身体和基因,我们祝愿草原的新一代健康成长。下午5时,我们的调研考察工作结束,驱车离开昆仑山向返1000多千米之外的玉树州府结古。大家有些依依不舍,不论是秀丽的山水、淳朴的人情,还是野牦牛的诱惑,离别才深刻理解了此行的意义,还有肩上沉甸甸的责任。

附篇：

# 牧人近距离的善良和质地

## ——玉树"牦牛之子"才仁扎西速写

　　由于工作关系，我与曾任玉树州农牧和科技局局长才仁扎西到高寒牧场调
研了解畜牧业发展的状况，尤其是牦牛产业发展的情况不止20余次，每去一
次都有不同的感悟和收获。

——作者题记

才仁扎西（中）在曲麻莱县藏迪合作社

　　西藏牦牛博物馆馆长吴雨初先生在文章中说，2006年8月，才仁扎西
被任命为治多县委常委，主抓畜牧业工作，他从曲麻莱县带了20多头野血
牦牛作为种牛到治多县，在治渠乡搞起了一个生态畜牧业示范村。在玉树牧

区兴办畜牧业合作社，他是最初的领头人和引领者，因此他也有个雅号叫"牦牛之子"。

被西藏牛博士吴雨初先生喻为牦牛之子的才仁扎西

　　我们一起到过珍秦镇十一村，那是称多县合作社的标杆和旗帜。到过治多县的同卡村，2008 年党员带头组建了合作社。到过曲麻莱县的叶格乡红旗村、鼓励当地能人创办能带动人民致富的合作社……牧场的山山沟沟留下了他的足迹和身影。

和索加乡莫曲村牧民香巴求培等在一起

　　同时，在与才仁扎西一起下乡的时候，有幸认识了很多一生在牧场潜心经营畜牧业生产的牧人，如扎加、旦争才仁、香巴求培、丛多杰、久美旦周等，他们是站在传统与现代十字路口的牧人，是昨天、今天、明天的传承者；结识了一群热爱畜牧业生产工作的同志扎西东周、才旦加、诺布才仁，他们如草原上七八点钟的太阳，有着理想和开创新局面的勇气；还有和才仁扎西一样深谙玉树州情，致力于玉树畜牧业发展的地方和部门负责人，如何勃、尼玛才仁、尼玛扎西、才扎、周多才仁、昂文才仁、才仁昂布、江永桑周等。才仁扎西给我的印象就是"天下农牧是朋友"，而他的理念就是"发展牦牛产业就是再现玉树畜牧业辉煌的基础和明天"。

牧民旦争才仁　　　　　称多县十一村致富带头人久美旦周

牧人旦江　　　　昂拉村支部书记才旦加　　　玉树州农牧科技局副局长才扎

工作压不垮的曲麻莱县　　曲麻莱县藏迪合作社理事长扎加
牧民管家扎西东周

对于一个藏族人来说，牦牛有着难以割舍的情缘与情怀。我自1岁到7岁进城前，忙碌于社教工作的父母将我放在遥远而美丽的小牧村白石崖，我喝着奶奶的自留牛的奶水长大，穿着奶奶缝制的牛皮鞋走路，牦牛对于我有着养母一样的恩情。后来虽然离开小村三十多年，但是牦牛背上的岁月依旧那样温馨而亲切。

参加工作来到"牦牛之地"玉树，到最偏远的治多县索加乡工作，儿时记忆再次被唤醒，我也和牧人一样到牧业生产一线开展牲畜清点、定点扶贫、政策宣讲、慰问等工作……后来到州府结古镇工作，二十几年间拉远了我与牧区、牧民和牦牛的距离。我对玉树牧业发展的现状和深刻的变化并不是很了解，感情也远了，走马观花，去了、见了、说了、再见了然后就慢慢地淡了。

才仁扎西却让我看到了新牧区的新风景，生态畜牧业合作社采取整合草山、牲畜、劳力整体发力的新模式，实施钢结构畜棚、冬季牲畜补饲的新举措，找到了野血牦牛复壮的新途径，创新扎加羊品种的新推广，树立了以加大出栏增加收入的新观念……使人恍然，以为到了玉树牧区的"桃花源"。尤其是在脱贫攻坚中，合作社爆发出的强劲助推力，让人精神振奋。治多县合作社2020年分红达1456万元，人们再一次看到了玉树畜牧业发展的广阔前景，有了再创畜牧业大发展的底气。

2020年12月9日早上7点，才仁扎西的车开到我所住的楼下。他自己坐在后排，将我让到了副驾驶位置，又给我递来一团热热的酥油糌粑。我瞬间被小空间里的热烈和隆重感动，感受到了牧人的热情和真诚。

野血牦牛一代 400 天牛犊

这次我们驱车前往 400 千米之外的曲麻莱县诺杂秀姆畜牧业合作社和治玛达龙畜牧业合作社，调研野血牦牛复壮繁殖的情况。

这里的牧场平均海拔 4500 米左右，是野牦牛繁衍生息的地方。自古以来这里的牧人有家牛群里混杂、混放野牦牛的传统。

虽然时值冬天，但不刮风的时候，草原的早晨和晚上，感觉暖暖的，没有一丝凉意，感到老天爷给这里装上了空调暖气。但是刮风的时候，不论任何时辰，尘土夹杂着雪花吹打在脸颊，生疼生疼，冷空气让眼睛里水汽瞬间结为冰粒。

在钢结构的畜棚里与牧人在一起

才仁扎西童年的伙伴牧人达保

在诺杂秀姆畜牧业合作社的野外牛圈里，才仁扎西在凛冽的寒风中与合作社理事长旦江一起详细查看，比较前两年和当年野血牦牛牛犊的长势。大风肆虐，人被吹得站都站不住，呼吸困难。我这个"老玉树"随他们一起转了半个小时就有点头昏脑涨，坚持不住的感觉。才仁扎西却始终精神抖擞，异常兴奋，不住地点头，开心地笑着。我想这就是世间最美的笑容，这笑容不仅仅是自己开心，更是牧区、牧业和牧人的心花怒放。

达保是治玛达龙畜牧业合作社的理事长，1965年生，他的合作社有优质草山18万亩，牦牛1260头，其中一代野血牦牛50头，二代330头。合作社共有39户，96人，其中建档立卡户13户，27人。2020年出售野血牦牛一代杂交公牛30头，纯利润48万元，出售冻肉10头，价值32万元，糌粑磨坊、缝纫店、饭馆盈利17万元，这些全用于分红。合作社牧民加上国家的各种惠民补助，人均收入近3万元。达保说才仁扎西是他童年的伙伴，他小的时候就喜欢牦牛，一起当牧童的时候很爱惜牛。他知道小牛喜欢吃什么草，什么样的草山放什么样的牛，什么样的季节牦牛吃什么样的草。尤其是他一眼就能看出一头牛的类别和肉奶的产出量。牦牛就是他心爱的朋友，亲密的伙伴。后来他爷爷让他去上学，他也是恋恋不舍。才仁扎西经常对大家说养殖优良品种的牦牛就是要与市场结合起来，只有出栏才能增收，才能致富。牧民家里牦牛多了他比牧民还高兴。

才仁扎西在合作社的发展模式上不拘一格，无论是能人带头、牲畜大户，还是生产资料代管、股份制合作等，只要有利于带动群众脱贫致富，只要在畜牧业发展上有前景，他和农牧系统的干部们一律按照政策给予扶持。

才仁扎西为人谦和、宽厚，总是带着一丝和蔼，在他身上看不到架子，只能看到他与牧人在一起，与牦牛在一起，他无论何时何地都保持着牧人的善良和质地，真不愧是玉树的"牦牛之子"。

作者简介：

才仁当智，男，藏族，祖籍青海省海南州，青海省作家协会会员。自

1985 年在《西藏文学》发表处女作《蘑菇》，后在《诗刊》《诗林》《贡嘎山》《海南文学》《紫荆花》《青海日报》《西海都市报》《青海湖》《陕西诗歌》《三江源报》《新玉树》《诗江南》等报纸杂志发表诗歌、散文 500 余首（篇）。诗集《高原上的骑手》由康巴作家群推荐、作家出版社于 2015 年 8 月出版。曾获得青海省人大常委会环资委征文三等奖，康巴文学奖。现供职治多县委，负责"红色索加"打造和玉树地震灾后重建志编修工作。

# 野血烈焰

梅　卓

## （一）

这是一个冰雪覆盖的世界。

在青藏高原，在地球的第三极，唐古拉山脉与昆仑山脉仿佛巨神张开的臂膀，环抱着发源了长江、黄河、澜沧江的广袤大地，格拉丹冬与周边终年冰雪皑皑的雪山群落一起，蕴养了万年的冰川发育出中国第一大河，正源沱沱河水系、南源当曲水系和北源楚玛尔河水系组成了长江源头水系区，当地人把长江上游称作"治曲"，意为母牦牛河。

在"红色之河"楚玛尔以北、昆仑山脉玉珠峰绵延的南麓之间，热嘎老人的牛毛帐篷驻扎在海拔4700米的山坳避风处，背依杂日尕那山峦，四周是一望无际的雪原。这里是他家的冬季牧场，他与儿媳德格措、孙子索南扎西、尼玛才仁和孙女妩彤一起已在这里生活了二十年。

正是藏历 12 月最冷的时节，气温常常低至零下 30 摄氏度，在暴风雪的涤荡中，看似生机渺茫的三江源头，却蕴藏着无穷的宝藏，珍稀动物和飞禽在凛冽的空气中游走或振动着翅膀，大小湖泊涵养着这方被称作"世界四大无公害超净区"之一的中国生态屏障系统，这是世界最后的净土，也是体格硕大的野牦牛的原生乐园。

如今全世界野牦牛仅存大约 15000 头，它们顽强地生存在历来被称作"牦牛发祥之源、羚羊繁衍之地"的青藏高原腹心区域。野牦牛的基因价值对于热嘎老人来说堪比昂贵的黄金和宝石，是大自然安排到这片土地的最好礼物，与他一家相伴而生，意义深远。野牦牛的体格比家养牦牛大两三倍，体质在千百年的进化中更是获得了适应高寒缺氧的非凡能力。尤其在与家养牦牛交配后，可以培育出更优良的后代，这种聚合了两者优秀品质的牦牛，抵御高寒、抗御疾病的生存能力都极其顽强，当地人自豪地称其为"野血"。

想当年热嘎老人第一个搬到杂日尕那山区，以他的傲骨支撑起这座独立于世的帐篷，一家三代人在野血牦牛的培育上投入了所有的热情和精力。可以说，他们选择了自然，同时自然也选择了他们，他们选择了牦牛，同时牦牛也选择了他们。

在漫漫历史长河中，这种世界上生活在海拔最高区域的大型哺乳动物，与牧人如影相随，形成独特的依存关系，牦牛为牧人带来生存和生计的保障，生机和美好生活的希望，牧人离开不牦牛，两者在这人类生存极限的坏境中成为生命共同体，与自然和谐长存。

热嘎老人一家的生活完全是牦牛支撑起来的，牦牛是他生活所依、生命所托的唯一，牦牛为他们带来食物，每天清晨星光还未散去的时候，德格措就开始了一天的劳作，她要挤牛奶，准备以奶茶、酥油、糌粑为主食的早餐；牦牛也为他们带来温暖，牛毛织成的帐篷中，牛粪燃料为一家五口人的冬季生活提供了基本的保障；牦牛更为他们带来健康，带来战胜疾病和寒冷的力量。

在古老传说中的三江源

神圣的牦牛是大地的祖先

智慧的双眼化成了日月

日月从此明亮高悬

英雄的骨骼化成了高山

高山从此雄壮连绵

柔软的皮毛化成了草原

草原从此壮丽辽远

浓烈的血液化成了江河

江河从此浩荡千年


你的名字是我的摇篮

因为我已与你血脉相连

你的力量是我的尊严

因为你已为我义盖云天

你的繁荣是我的心愿

因为我要与你永葆家园


　　所以照顾牦牛是牧人的头等大事，弟兄俩的日常工作就是紧随牛群、寸步不离，天地苍茫中他俩熟练地使用着牛毛编织的"乌尔朵"，这种兼具抛石和响鞭功能的工具，仿佛延伸的手臂，可以在较远距离控制牛群的方向和速度。但管理有 300 多头牛的牛群绝非易事，尤其高原冬季的气候瞬息万变，突如其来的暴风雪迅速席卷了方圆数十公里的牧场，牛群在暴风雪的覆盖下寻找牧草更加艰难。而安全归圈、度过漫长的夜晚更是考验生命体能的时候。

现年 73 岁的热嘎老人通常喜欢端坐在灶火边，这是家中最显眼的位置，充分彰显出一家之主的风范。他念诵着经文，孤独的背影中沉淀着经年累月的沧桑。

热嘎老人妻子早逝，他独自抚养孩子，再也未娶。那个时候经济条件差，牧民生活非常清苦，虽然家中还有几十头牲畜，但终年都舍不得宰杀食用，因为牲畜都长得瘦小，体质毛色不尽如人意，尽管他起早贪黑勤奋苦干，可是养得膘肥体壮谈何容易。

如今虽然孙子们担负起放牧重任，但在牧归之时，老人总要亲自查看一下。寒风呼啸着穿过人们的身体，牦牛虽然有厚实的皮毛保暖，可是怀孕的母牛和牛犊们的境况却非常艰难，栉风沐雨的牛群经过整天的奔波已经疲倦，还需露天度过更加寒冷的夜晚。热嘎担心已有身孕的母牛是否能够平安过冬，而远方的狼嗥时时提醒着牧人：危险就在身边。

这个季节是所有动物的艰难时期，饥饿的狼群时常出现，伺机捕获老弱病残的牛羊。此时，5 只藏獒全都放开了绳索，它们是牧场的卫士，要替主人守夜。寒冷的夜晚并不安宁，不测仍然发生了，天亮后，家人发现狼袭过后的牛群躁动不安，有几头牛失踪了，还有一头脱险而归的牦牛，臀部已经受到严重撕伤。

弟兄俩走遍周边方圆十几公里寻找失踪的家牛，弟弟尼玛才仁通过望远镜发现前面的山坳顶上有秃鹫和乌鸦盘旋，连忙赶去探查，果然看到家牛倒在干涸的河床上，腹腔空空，狼群已经劫掠了它的生命，面对如此惨状，兄弟俩念诵起六字真言，为它超度往生，愿这慈悲的声音能够带领牛的灵魂早日获得解脱。简短的仪式后，哥哥索南扎西解下牦牛的锁绳带回去做个纪念，据说所有的家牛死亡之时，牛头都朝着家的方向……

老人为失去母亲的小牛犊盖上毯子。这个冬天，热嘎家体力强壮的野血牦牛在与狼群的抗衡中取得了压倒性的胜利，它们中没有一头倒在狼口之下，但却陆续有 20 头家牦牛遭遇狼群偷袭而命殒荒原。在惨重的损失面前，老人无奈而又淡定，他认为狼群也需要哺育幼仔，它们也得活命，等到了春天一切就会好起来。对于牧人来说，生存于大地之上的所有生物都有着相互依存的关系，人类、动物、植物之间互相提供赖以生存的食物，它们维系着物种的数量平衡和相对稳定，如果其中一种生物灭绝，必然严重影响其他生物的生存，因此尊重自然法则、顺应自然，是他们保护家园生态资源健康循环的本能观念。

千年的精神文明使牧人栖居的大地成为动物们的天堂，人们从上一辈的记忆中继承着生命平等的传统，代代相传着慈悲的信念，许多珍贵的动物和植物得以幸存下来，在三江源头，经常能够看到人类与野生动物友好相处的感人场面，热嘎老人时时刻刻都不离口的祈祷中，都含有对所有生灵的祝福。

## （二）

这也是一个充满温馨的世界。

当妩彤试穿新衣、试戴新帽的时候，辞旧迎新的时节马上就要到了。

热嘎老人坐在帐篷里，正在认真地缝制羔皮女帽，柔软而曲卷的纯白色小羔皮他制作起来得心应手，针尖朝向自己的方向，专注着一针一线，似乎要把所有的感情都缝进去。这本是父亲送给女儿的新年礼物，然而这个家庭的男主人却是缺席的，于是爷爷代替了父亲的角色。

妩彤戴上这顶帽子了，正在烧荼做饭的母亲微笑着望着她，眼神里尽量藏起

忧伤。爷爷欣赏着自己的手艺，更欣赏孙女快乐的样子。"好看"，老人喃喃自语着："我的宝贝很好看。"

孙女是搬到杂日尕那后才出生的，她是真正的杂日尕那的女儿，她从未走出过这片山区，她有着端正的体貌、纯净的笑容，本来她是可以和两个哥哥一样在更靠近乡镇，交通方便的昂拉村长大，可是1985年的一场特大雪灾改变了一切，楚玛尔河流域的牛羊死亡率达百分之九十，白唇鹿几近绝迹，而野牦牛更是迁入了无人区深处。

热嘎老人沉痛地发现，长期近亲繁殖的家养牦牛品质严重退化，抵御灾难的能力已经非常欠缺，但倔强的老人并没有绝望，他果断地下定决心，带着剩下的唯一一头母牦牛举家向西搬迁，来到这野牦牛与家牦牛的交汇区，希望通过家牦牛与野牦牛的零距离接触，自然繁衍出强壮的野血牦牛。可是辛苦奔走的儿子积劳成疾，在四年前不幸病逝。热嘎重新担负起男主人的责任，在这片洒下泪水与汗水的土地上坚守至今。功夫不负有心人，几年下来就看到了希望，野血牦牛的优势越来越明显，每当他看着乌油油的牦牛归圈反刍，总是露出心满意足的微笑。

热嘎和所有牧人一样，把牦牛奉为心中的"至尊之宝"，牦牛不仅在牧人的生产生活中无处不在，更是牧人精神力量的重要象征，融化在了他们的信仰之中。佛教还没有传入青藏高原的时候，牦牛就是代表着超自然能力的灵物，在自然宗教以及苯教中担任着举足轻重的角色。许多自然景观被赋予神山圣水之名，著名的雅拉香波、阿尼玛卿、念青唐拉等神山的主宰者都有牦牛化身之说。公元7世纪前后佛教翻越喜马拉雅来到雪域大地，收服众多山神成为佛教护法，牦牛更加成为佛教徒心目中祛祸避灾、迎福祈祥的美好象征，在三江源头随处可见高大雄健的雄性牦牛头骨上刻着经文、符咒，供奉在山隘路口、玛尼石堆以及房顶门庭之上。

身处于如此神性大地的热嘎一家，在各个成员的相互协作中，顺利完成了整年的工作任务，当然家庭成员除了五口人，还包括 300 头牦牛、700 只羊、5 匹马和 5 只藏獒。牧人们在天天披星戴月、日日辛苦奔忙的劳作中，与家畜的感情纽带日益紧密，几乎每个家畜都有名字，它们的喜好和个性都会被牧人宽容地接纳。

正如一个家庭有一家之主一样，每种畜群也有头领，羊群有头羊，牛群也有头牛。热嘎家的头牛在多年前放生成为"神牛"，对于神牛来说，草原是没有边界的，可以自由自在地穿行于任何人的牧场，而人们普遍认为偷盗或者屠宰神牛是不吉利的，会门庭冷落甚至到背负骂名的地步。所以热嘎家的神牛是老死的，但家中神牛一死，老人隐隐觉得不安，觉得某种福运已经跟随神牛而去，可是当下又没有一头合适的牛来递补。

每个家庭选择神牛都是有一定条件的，比如要雄性的、威武壮实的、英俊勇敢的、能保护所有母畜的，双角尺寸、弯度、长度都漂亮的，脸庞端正庄严的，被毛浓密富有光泽的，等等。

就在这个当口，家中二十头牛突然一夜之间不知所踪，心急如焚的儿子骑着马翻山越岭寻找两天两夜未果，不幸患上急性脑结核，不久就病逝了。老人

失去了眼珠一样宝贵的独生儿子，那二十头牛也没有找回来，真的是灾难接踵而至。在那个悲伤欲绝的时刻，家中却产下一头漂亮的野血牦牛，老人一眼相中，决定将这头野血牦牛培养成头牛。而往年的神牛头骨会被取下，刻上六字真言，等到合适的机会送到圣地供养起来。

年终岁末，像往常一样，热嘎老人在索南扎西的陪伴下来到相距 500 多千米的玉树州府所在地结古镇，参加一年一度的森寨嘉那帮群节。这天是藏历十二月十五日，相传 300 多年前，嘉那一世道丹活佛选定这处吉祥宝地，在天降花雨、彩虹当空之时，建成了最初的玛尼石经城，经过信徒们积少成多、岁岁年年的建设，展现出如今恢宏磅礴的气度。

人们围绕着获得吉尼斯世界之最纪录的玛尼石经城，在转经、诵经、叩头中度过神圣的一天。虔诚的信仰在这种周而复始的圆形状态里完成，前生今世、轮回流转，通过世世代代地持咒诵经、积善累福，为来生做着积极的准备。

热嘎爷孙俩加入到宏大的转经队伍中，和所有佛教徒一样，他们以顺时针方向围绕经城而行，念诵经文，转动玛尼经筒，感恩平安度过的一年，为即将到来的新年祈福，更要为逝去的儿子祈祷，儿子已经离去四年，这期间积累的千言万语和刻骨铭心的思念，都化在一圈又一圈沉默的脚步中。

大大小小的石头上的经文以六字真言居多，这是观世音菩萨心咒，能化解一切烦恼，帮助人们关闭六道轮回之门，往生清净刹土获得解脱。人们日复一日地凿刻着六字真言，年复一年地念诵着六字真言，这二十五亿块的石头上，有多少人的苦痛和泪水掩藏其中，又有多少人的喜悦和希望寄托其上。

石头是大山的筋骨，开凿取之，虽不能言，但刻上文字，就仿佛有了灵魂，热嘎老人爷孙俩请石匠精心镌刻上经文，涂抹上珍贵的酥油，连同神牛头骨，敬献到石堆上去，代表着诸佛菩萨的慈悲和加持的文字汇聚在茫茫 25 亿块石头之中，犹如大音希声的信仰交响曲，回荡在天地之间。

爷孙俩转完经、完成夙愿后，在农贸市场商贩热情的指导下购买了足够一年食用的糖果蜜饯，返回远在牧场的家。傍晚，温暖的牛粪火燃起来了，迎接着这个家庭的团圆。

德格措带着孩子们扫尘除秽，帐篷上冻结的冰霜要用棍子敲打才能清除，牛粪墙上也点缀了新的吉祥图案，花样繁多的藏式点心也准备妥当。

新年的第一天，德格措和妡彤四点钟就起床了，早就准备好的水桶边沿已经粘上一疙瘩酥油，把手系上洁白的哈达，母女俩要去河边打来嘎曲——晨星水，明亮的启明星仍在天边闪烁，星光照耀着冰河，母女俩在河边燃起柏香，凿冰取水，前三勺扬到空中，答谢了上天的赐予，此时此刻的晨星水是降自天界的甘露，是雪狮纯净的乳汁，提回家首先敬献佛祖，再掺入牛奶，请全家老少洗漱，祝愿来年诸事顺遂、安康吉祥。

老人带领男孩们在帐篷前煨桑，围绕煨桑台转经祈祷，然后和全家一起在佛龛前敬水、献灯，感恩神佛一年来的关照加护，祈祷新年的平安和好运。酥油灯温馨的光芒照亮了家人的脸庞，也照亮了未来的期望。

## （三）

这是一个生机盎然的世界。

随着气温渐升、大地回暖之时，楚玛尔冰河开始消融，黑颈鹤从北方飞来，各种水鸟来到水边嬉戏，阳光灿烂、万物复苏，姗姗来迟的春天把温暖带给高原，也带给与这片土地共存的芸芸众生。

很久以前，这片土地的主人是野牦牛，它们曾经在这里自由穿行，见证了高原的隆起、古海的沉落，见证了剧烈的地壳运动形成的崇山峻岭中，数百种温带植物含苞待放，迂回曲折的大江大河里，不同属的鱼类在演化繁衍。它们见证了大自然的神奇力量，这力量让许多动物和植物交替诞生，欣欣向荣、繁衍不息，却最终灭绝，这力量也让大山大河此长彼消，岁月剥蚀，已沧海桑田。

作为仅存于青藏高原的大型动物，野牦牛的生存之道充满了智慧，那就是低下骄傲的头颅，向大自然致敬，与大自然共荣。

因此，当藏族先民出现在野牦牛的疆域时，它们宽厚的胸膛和仁慈的眼眸包容了人类最初的猎捕和驯养。藏族先民在采集狩猎、迁徙游牧的漫长历史进程中，与牦牛结下了不解之缘，他们成功地学习了野牦牛的生存经验，在敬畏自然的同时，敬畏和崇拜着野牦牛。


热嘎一家在这个春天又准备迎接新的家庭成员。产仔期的到来，犹如温暖的阳光，给高原带来新的希望。

此刻漫步在广袤牧场上的牛群中，有 50 多头母牛怀着身孕，它们将在这个月内陆续产下幼仔。由于去年夏季野牦牛入群情况良好，家牛的怀孕率提高了很多，热嘎老人布满沧桑的脸上终于有了喜悦的笑容。他把两个孙子的辛苦看在眼里，但并不在语言上表达什么。玉树谚语说："男孩 13 岁后要自己拿主意别咨询父亲，女孩 13 岁后要自己干家务别讨教母亲。"索南扎西兄弟两个早已成为爷爷和母亲的得力帮手。

产仔的过程神圣而漫长，新的生命诞生，野血牦牛第二代的成功繁衍，给这个家庭带来了新的福报。


高原的早晚总是春寒料峭的，即将临盆的母牛需要格外地照料，执拗的热嘎老人经常亲自到牛圈转悠。从一入冬到初春的每个夜晚，爷爷都带着两个孙子为牦牛补饲，尤其是去年的幼犊和怀孕的母牛，拥有充足的食物才能保证它们的健康发育。兄弟俩话不多，但非常孝顺，大多数时候都拒绝爷爷的帮助，独当一面地完成补饲任务，夜里的繁星陪伴着他们，牦牛们的咀嚼声陪伴着他们，高原上的男子们早早承担起了家庭责任。

天刚亮时，牛群在依然冷凉的晨风中开圈出牧。平均寿命 21 岁左右的家养母牛大约在三四岁时性成熟，一般受孕年龄在 4 岁到十七、十八岁。经过大约 260 天的孕期，就有了临产前的表现，一会儿侧卧，一会儿又站起来进食，不停地补充能量，以保证幼仔产出后能及时哺乳。不久，一个个新的生命终于从母胎中顺利产出，它们第一眼看到的世界，就是母亲眼神中的温柔和静美，第一次感受到的味觉，就是母亲温暖沁甜的乳汁。幼仔的气味和声音是与母亲交流的重要途径，每当母牛听到孩子不同寻常的叫声，母亲总会第一个奔向前来保护孩子。此时此刻，母性的光辉照耀着这片离天最近的地方。

一头 4 岁半的母牦牛第一次当妈妈，没有舔食胎衣的经验，只是下意识地用牛角帮助孩子站立。它还不适应喂奶，焦虑和不安困扰着它，德格措轻柔地抚摸着，把白色的羊毛系在它的脖子和尾巴上，以示吉祥和福运从此与它相伴，当酥油涂抹在它的犄角和乳头上时，它终于安静下来。德格措一边挤奶一边唱起古老的挤奶歌：

> 洁白的牛奶像大海，
> 酥油曲拉堆成山，
> 年轻的母牛不离群，
> 后代如河不断流……

歌声传递着温柔的祝福，安抚了年轻母亲的情绪，也缔结了人与牛之间亲人般的联系。

还有一头特别的雌性野牦牛，今年已有 8 岁，由于上次生产后，主人将它的幼仔作为种公牛推广到了邻县，这使得它在这次生产过程中充满了警惕，它白天离群把自己藏起来，傍晚又回到牛圈漫游，似乎在迟迟推延着生产的时间，一直到二十一天后的深夜，在人们不经意之时，突然快速产下幼仔，这是人们第一次近距离观察到野牦牛产仔的完整过程。

披着星光的野牦牛妈妈寸步不离孩子。翌日清晨，虽然脐带还没有完全脱落，但小牛已经活蹦乱跳地跟着妈妈来到牧场，在这个快速适应生存环境的小家伙儿身上，生命得到了延续，基因得到了传承。

热嘎老人在这个春天获得了意外的收获，他家的野血牦牛中，有两头母牛产下双胞胎，他把这当作上天的恩赐，是吉兆，是鼓励他继续努力的奖赏，他家今年总共获得 60 头小牛犊，而且百分之百都是野血牦牛。

在这大山浩荡之境，大批野牦牛也回到固定的产仔地产仔，在公牛的护送下，母牛们会选择杂日尕那山区人迹罕至的沼泽草场，山陡坡险、地势险要之处，才是它们最安全的地方，能起到保护幼仔的作用，选择秘密产仔地是天下所有生命繁衍的权利。

通常情况下小牛犊出生在哪里，哪里就是它们永远的家园。母牛产下新犊后，会在尽可能短的时间内舔食干净黏液和胎衣，一方面帮助孩子取暖，一方面消除气味，避免猎手闻风而至。新犊出生 10 分钟后就可以跟随母亲奔跑，充分彰显出这种生命种群的顽强和耐力。

血管里流淌着野牦牛血液的后代们，也在热嘎的牧场上活蹦乱跳、追逐嬉戏，在游戏中完成认知同类、认知自然的幼年生活。牦牛的生长具有前快后慢、哺乳期增重快的特点，2 岁以前可完成 89% 的生长。它们初露锋芒，双角虽然还没有长出，却已经顽皮地开始向玩伴挑战，谁能够与之争锋，谁就是未来的王者。

这些春天降临的野血孩子们虽然都有各自的母亲，但它们还同时拥有一个共同的妈妈，那就是这家的女主人。性格温良、任劳任怨的德格措每时每刻都处在忙碌的工作中，每天天不亮第一个起床，生火烧茶、挤奶做饭，拣牛粪晒粪饼，磨糌粑打酥油，做酸奶凉曲拉，还得抽时间用牛皮制作皮囊、皮绳、皮衣，用牛毛编织鞭子、马具、帐篷，一直忙到天黑最后一个睡觉。帐篷前排列整齐的牛粪墙是她勤劳的见证，灶火上永远温暖的茶饭是她爱心的无言表达。她为家人安排的生活都与牦牛息息相关，她疼惜牦牛，就像疼惜自己的孩子一样，因此在她看来，牦牛身上产出的每件东西都必须物尽其用，绝无浪费的道理。

# （四）

这也是个信守诺言的世界。

迁徙、转场，回到往年同一个季节里住过的地方，仿佛是和大自然签订了一份承诺书，在这里生存的无论是动物，还是人类，自始至终都信守着这个约定。

产仔期过后，雪域高原上最大的哺乳动物野牦牛开始了春季迁徙。它们出没在山谷中寻找溪流和沼泽，纯黑的皮毛在阳光下闪现着棕红色的反光，魁梧的体格使它们几乎没有天敌，而那对巨大的犄角仿佛凶猛的武器，时刻警示着随时可能发生的危险。它们可以灵巧地翻越崎岖的山地，强大的肺活量早已适应高寒海拔的生存环境。

野牦牛食草也很有规律，有固定的饮水地点，天刚亮就在草场上食草饮露，傍晚再食，白天总在地势险峻的地方巡视，观察危险，躲避灾害。方圆200多千米的区域里，留下了它们神灵一样的身影。

野牦牛群迁徙能力特别强，对自然灾害有非常敏锐的预感，尤其发生特大雪灾时，食草被大雪深深掩埋，所有牲畜都吃不上草的时候，野牦牛群就会从人们视野中突然消失，谁也不知道它们去了哪里，等到来年春天，它们又会神奇地出现。

野牦牛跑起来不是很快，大约每小时四五十公里，但它们后劲十足，可以连续匀速地奔跑好几个小时。人迹罕至的高山大峰和荒漠草原是野牦牛的家园，它们强壮的四肢不畏严寒，坚硬的牙齿采食能力更强，粗粝的皮毛既可以遮风挡雨，又适合爬冰卧雪，它们有着异乎寻常的耐苦、耐寒、耐饥、耐渴的本领。

初春的草原充满着勃勃生机，杂日尕那山区不仅是野牦牛的天堂，也是其他动物的乐园。几乎就在同一时间，仿佛大自然一声号令，野牦牛开始了春季迁徙，与此同时，野马成群奔向远方，藏羚羊轻盈地掠过河谷，机警的雪豹隐退到石山背后，红狐烈火一样的身影渐行渐远，笨拙的野熊偶尔露出峥嵘，而狼群也消失在黄昏的沼泽边缘。

在三江之源、万水之宗，千百年来牧人也同野牦牛一样逐水草而居，迁徙不仅是一种本能，更是他们生存的宝贵经验。

随着季节的变化，热嘎老人一家要转移春夏草场放牧，这种四季轮牧的方式，既保证了牛羊的食物充足，又减轻了放牧对草场的危害，使得每季草场的植被都有了恢复和休养期。转场有一定的时间、顺序、路线，相距约 15 千米的牧场，对拖家带口的拉嘎来说还是比较远的距离。亲戚朋友们相约来帮忙，准备工作有条不紊地进行着。

男人们搬运装在牛皮口袋里的粮食，女人们打理炊具和其他生活用品。牦牛毛编织的袋子、绳子等工具物尽其用，所有物品在家人的同心协力下全都顺顺当当地驮到牦牛背上。

热嘎家的这顶牛毛帐篷只有大力士才能搬得起来。通常每头成年牦牛能产

出牛毛牛绒 0.75 千克，捻成毛线需要 100 天，编织帐篷需要 30 天，缝合起来需要 50 天，整顶帐篷约有 215 千克。

这是个吉祥的日子。新的牧场在召唤着牧人，热嘎几家人的牦牛群加起来有近千头，几条藏獒在队伍中跑前跑后，帮助照料，它们不仅是帮手，也和牦牛一样，是这个家庭的亲人和朋友，它们被牧人称作牦牛的保护神。浩浩荡荡的队伍穿越草原，穿越河谷，向着更高、更远处进发。

野牦牛的识途本领非常高强，这种基因无疑全部传承给了第二代野血牦牛。

一个邻居的故事就说明了这种基因的顽强，他曾把几头野血牦牛装在卡车上去西藏卖，卸车时一头公牛逃脱，等主人 15 天后回到家时，公牛已经独自跨过雪山大河，赶了 200 多千米路安然回到了家。

所以在热嘎老人的眼里，它们看上去虽是动物，但却是像神灵一样地存在。

他的一生中，从没有听到老一辈牧人说过野牦牛群能得上传染病，更没有亲眼见过野牦牛死于传染病，它们抵御疾病的能力简直堪称传奇。传说野牦牛在耄耋之时会选择离群索居，独自走向最后的终点，至今没有人确切地看到过野牦牛的死亡，它们的死亡地点非常隐蔽，它们选择有尊严地死去，鲜有人类见到过它们自然死亡的尸体。

转场的第二天却遭遇大雪纷飞。

牧场一下子又回到了寒冬季节，寒流就像一片冰雾，漫天遍野席卷而来，牦牛的口鼻边刹那间结起了冰霜。一片雪原中，牧人表现出强韧的一面，他们融化在牦牛群中，与牦牛同呼吸、共使力，他们仿佛也是一头头没有长角的野牦牛，强韧憨厚，心怀慈悲，这一刻，他们就是可以为牦牛尽命的朋友。

这些高原之舟踩碎冰凌、登上最后的山垭口，夏季牧场所在地——杂日龙雅已经在望。小牛犊努力跟上队伍，它们挺过了平生第一场暴雪的洗礼，第一场冰霜的浸润，经历暖阳的照耀和寒夜的坚守，小牛犊已经成长为勇敢的追随者。

牦牛毛此时派上了用场，热嘎用它做成简单的预防雪盲的眼镜。他家还曾用野牦牛的尾毛做成颈绳，拴在小牛犊的脖子上，能起到防病、抗病的作用。

绿度母的旗帜在转场队伍中高高举起，这是救度苦难、护佑众生的旗帜，是牧人坚守信仰的旗帜。他们话少，沉默，在寂静中艰难向前，渐渐和谐地融入同样寂静的大自然，远远望去，风雪中的人类、动物、自然三者合一，彰显出生命的尊严与生存的自在。

## （五）

这是一个人神共居的世界。

新家搭建在海拔 4800 米的山腰上，面朝一座名为"措加霍"的碧绿湖泊，三面群山环绕，远方的玉珠雪峰清晰可见。

在热嘎老人心目中，这片杂日尕那山区是块吉祥宝地，不仅因为这里牧草营养价值高，牲畜个头大，体质强，远远超过周边其他地方，还因为野牦牛创造了这方世界，人们也创造了关于牦牛的神话。

在藏族古老的苯教传说中，当宇宙间第一缕阳光照耀到冈底斯神山之时，世界上就出现了第一头牦牛。藏族民间古代歌谣《斯巴宰牛歌》记录了世界形成皆为牦牛身体所赐：

> 斯巴宰小牛时，
> 砍下牛头放哪里？
> 我不知道问歌手；
> 斯巴宰小牛时，
> 割下牛尾放哪里？
> 我不知道问歌手；

斯巴宰小牛时，

剥下牛皮放哪里？

我不知道问歌手。

斯巴宰小牛时，

砍下牛头放高处，

所以山峰高耸耸；

斯巴宰小牛时，

割小牛尾栽山阴，

所以森林浓郁郁；

斯巴宰小牛时，

剥下牛皮铺平处，

所以大地平坦坦。

  《吐蕃历史文书》记载藏族由牦牛六部而来。敦煌古藏文文献中说："天神自天空降世——墀聂墀赞也，来做大地父王，父王来到人间。当初降临神山降座之时，须弥山为之深深鞠躬致敬，树木为之奔驰迎接，泉水为之清澈迎候，石头石块均弯腰作礼，遂来做吐蕃六牦牛部之主宰也。"在传统地理观念里，九大神山之首雅拉香波的形象就是一头白牦牛，通体白如海螺，护佑六牦牛部落浩荡而起、称雄高原，最终成就了一统雪域的霸业。

  在尼玛扎西常常念诵的格萨尔故事中，杂日尕那是总管王荣察查干的秋季牧场。传说有一群外乡人前来偷猎野牦牛，突然发现一座巨大的黑色牛毛帐篷横亘眼前，一位白发白须、身材高大的老人，身穿铠甲、姿态威严，他声如洪钟地喝退偷猎者，告之野牦牛是雄狮大王格萨尔的家畜，不得无礼。

  还有一个传说，也说到猎人们前去偷猎野牦牛时，发现一位身穿皮袍、头戴冬帽的妇女用牛角当容器，正在给野牦牛挤奶，猎人们诧异极了，凶悍的野牦牛怎么可能允许人类有如此举动，妇女转脸一望，原来她就是格萨尔的王妃阿达拉姆，这个世界上只有她才有权力取用野牦牛奶，藏地草原上人人知道阿达拉姆的箭术十分厉害，所以猎人们吓得落荒而逃⋯⋯

健硕威严的牦牛栖息在众多雪山的怀抱之中，也栖息在藏族历史、政治、宗教、科技、交通、医药以及民间艺术之中。它们的形象充满于藏族人的宇宙观念、神灵体系、图腾信仰等方方面面，成为传统游牧文化的权威代表。

盟誓制度在历代政治活动中起着重要的和平纽带作用，仅敦煌古藏文文献中就有 140 多次王廷盟会的记录，《礼记》中这样解释盟誓："杀牲歃血，誓于神也。"可见在盟誓活动中，以动物作为牺牲献祭，告之于天地山川日月星辰，《旧唐书吐蕃传》中录有当时一年一小盟三年一大盟的记载，凡大盟时必有牦牛祭品。格萨尔史诗也记录了牦牛与政治的关系，《卡切玉宗》中生动地描述了晁同与卡切大将举行盟誓时"在牛皮上立了盟誓，并写下了永不违背的誓约"的场面。可见牦牛在藏族社会中的崇高地位，它仅用于重大、关键的盟会，彰显出牦牛在雪域民族社会政治关系中的重要程度。

宗教作为社会发展中相伴产生的文化现象，伴随着人类探索外部宇宙、认知自身心灵、继而通过修习来完善人格的整个过程中。

人们带着对牦牛的喜爱和崇拜穿越数千年时空，岁月流转，直至今日，依然能够看到在神秘的藏传佛教弘扬佛法、利益众生时，戴着牛头面具、身穿牛脸法裙的大威德金刚在高原稀薄的空气里缓慢起舞的庄严宝相。

在遍布于楚玛尔河两岸的古老岩画中，牦牛与人类比邻而居、息息相关，贯穿了从狩猎、驯养到游牧的全部历史进程。牦牛不仅是牧人物质生活的有力保障，更是精神生活中重要的组成部分，人们赋予牦牛神圣的地位，以图腾的形式保存在民族记忆中，甚至延伸为氏族称谓和姓氏，这些自称为牦牛后裔的人们至今仍然生存于雪域大地上。正如著名学者更敦群培在《白史》中的记述："有牦牛的地方就是藏族生息繁衍的区域。"

日复一日、年复一年地生存于群山旷野之中的牧人，以简单的生存环境，简洁的生存手段，简易的生存工具，简便的生活方式，创造了丰富的精神世界。

热嘎老人和孩子们在这片人神共居的牧场迎来了夏季的到来。

全年没有绝对无霜期的高原气候多变，一会儿风和日丽，一会儿就会雨加冰雹，但七月也是热嘎老人一家最为期盼的时候，因为雄性野牦牛会如约而来，入群到家养的母牦牛群中寻找配偶。

雄性野牦牛深入到家畜中的目标很明确，它们需要的只是具备受孕条件的母牦牛，其他未成年或尚在哺乳期的母牦牛不在此列。雄性野牦牛会根据母牦牛散发的气味进行分群，野牦牛地域观念很强，入群后会带着它们选择的母牦牛返回自己的领地。

长期与野牦牛和平共处的热嘎老人熟谙它们的习性，雄性野牦牛的平均寿命大约为 25 岁，有的能活到二十七八岁，它们大约 4 岁时离开母牛群，进入公牛群，经过角斗称王，会依次排出位次，6 岁前后开始入群，最初受胎率不高，每年仅有七八个幼仔，年纪渐长之后，10 岁到 19 岁达到交配高峰期，入群后交配率会更高。通常某头雄性野牦牛第一次进入某家牦牛群后，就会相对固定下来，年年都到同一个畜群，一个畜群一般会有 10 头到 50 头不等的母牦牛。

这个特殊的季节里，雄性野牦牛一般情况下不会主动与人为敌，但在交配期间如果有人为干预，它就会生气暴躁，追杀到底，有经验的牧人们都知道，躲避暴怒的野牦牛时，千万不能躲到山洞里，它会坚守在洞口直到死去，也不能藏在冰缝里，它顶不到抓不到的时候，就会用舌头把对方锉皮销骨，直到"舔"死为止。

在热嘎家附近，雄壮的野牦牛已经出现在目光所及之处。空气中充满挑衅的味道，任何地方都有可能成为一触即发的角斗场。它们在风中拖曳着黑色的裙毛，仿佛披挂起战斗的大氅，无畏地俯瞰着脚下这片天堂般的草原，随时准备掀起一场血雨腥风的荷尔蒙之战。

七月底到八月底之间，是雄性野牦牛入群最密集的时候，果然去年前来的十几头熟客又随风而至，它们自由地穿行在热嘎老人的牧场上，用自己特有的方式向其他公牛示威挑衅，家中的种公牛基本不敢靠近，而野牦牛之间也会发生激烈的争夺战，经过数天的较量和角斗，这片牧场上最后留下来了五头雄性野牦牛，其他的雄性野牦牛已经失去了亲近配偶的权力，只能离开得远远的。

索南扎西兄弟两个在爷爷的指挥下，把母牛群赶到较为开阔的苔原上，以便于雄性野牦牛找到心仪的伙伴。此刻，家牦牛与野牦牛相比根本不是对手，在交配数量的配比上也处在下风，野牦牛的配比占到 1 头公牦牛比 40 头母牦牛，而家牦牛只能达到一半。动物本能地遵循着自然淘汰法则，强壮的基因才能得以保留。

传说中野牦牛比家牦牛能多活九年，牙齿不行了靠牙龈活三年，牙龈不行了靠嘴唇活三年，嘴唇不行了还可以靠舌头再活三年。它们是行走在雪域大地上的勇士，是雪线之上的王者。

热嘎老人期盼的正是野牦牛这种坚韧不拔的生存力量，希望今年家中的 50 头母牦牛在来年春天都产下健康的下一代野血牦牛。


傍晚时分，牛群归来。德格措母女要挤当天最后一次牛奶，索南扎西兄弟忙着为牛犊系上绊子，而热嘎老人则要亲自清点牛羊的数目：300 头牦牛，700 只羊。当他的目光掠过草原的尽头时，就知道这些数字不仅仅是一种执念，更是老人一生中看到多少牛羊到来、又有多少牛羊离去的沧桑。

## （六）


这也是一个充满感恩的世界。


在母牦牛河上游，在杂日尕那山区，牦牛从出生到死亡，一直都遵循着大自然的规律，春生夏长、秋收冬藏。牦牛与大自然融为一体，大自然如同母亲，赋予它们完美的身体和强壮的体魄。同时，它们是这片土地上人类的祖先，是兄长，是亲人和朋友，共同承担生存的艰难，共同创造财富，共同完成生命的体验。

元朝帝师、著名政治家、宗教家八思巴·洛哲坚赞创作了著名的《牦牛礼赞》，倾情赞美了牦牛：

体形犹如大云朵

腾云驾雾行空间

鼻孔嘴中喷黑云

舌头摆动如电击

吼声如雷传四方

蹄色犹如蓝宝石

双蹄撞击震大地

角尖舞动破山峰

双目炯炯如日月

犹如来往云端间

尾巴摇曳似树苗

随风甩散朵朵云

摆尾之声震四方

此物繁衍大雪域

四蹄物中最奇妙

调服内心能镇定

耐力超过四方众

无情敌人举刀时

心中应存怜悯意

热嘎老人也同大师一样，对牦牛充满了神圣的敬意和感恩，家中的衣食住行都与牦牛紧密相关，所有这一切都是牦牛给予的福报，牦牛是他家平安、幸福、健康的源泉，是他精神依怙的归宿，是他寄托魂魄的福田。

　　因此他对牦牛倾注了全部的感情、时间和精力，牦牛轻微的动作，一声哞叫，甚至一个眼神，他都能心领神会，正因为他的精心照料，家中的牦牛产仔量和存活率才持续稳定上升。每当佛月时，家中略有些牦牛出栏的积蓄，他都要赶到结古寺参加一个与牛有关的法会，持善供养、接受加持。这座寺院坐落在母牦牛河中游河畔，是三江源头最大的萨迦派寺院，每年的佛月都会举办大威德金刚六十禳解施食法会，藏语称作"结古哲曲"。在万人空巷的瞻仰朝拜中，牛的形象由自然生物升华为文殊菩萨的化身，代表智慧和慈悲的能量，能

够成就无上瑜珈的主要本尊，是诸佛事业的总集代表，是死亡的征服者，热罗尊者在《大威德之光》中说："一见威严大威德，凶煞变瘫武器落。"作为护法本尊之首，大威德金刚有着调伏魔军、威慑三界、持明长寿、事业广大、神通自在、不惧恶缘、忏清业障、强力超度、速断我执等九种殊胜功德，过去若要传承大威德密法，需供养许多黄金，因此有"金法"的美誉。

慈悲的热嘎也感恩大自然给予的一切。

对丁热嘎来说，御寒和食物是他赖以生存的基本保障，而牦牛满足了他的全部日常需要，由于牦牛的无私奉献，热嘎一家和其他牧人一样，过着零污染、零排放的原生态生活，对自然几乎零索取、零消耗，他们不狩猎、不打鱼，不

伐树、不垦殖，可以说他们和牦牛一起，直接参与到了生物大循环当中，使这方土地成为人类最后的净土。

他们严格遵循千百年来的游牧文明传统，崇敬着神山，因而保存下了冰川雪峰；崇敬着圣水，因而保存下了江河湿地；维护着所有生命平等的观念，因而保留下了珍稀濒危野生动物及其重要栖息地和迁徙通道；他们认为森林草原是大地母亲的发肤，因而保留下了草原草甸和森林灌木，他们不食用鸟类鱼类，因而保护了生物的多样性……正是有着像热嘎一样的牧人的感恩情怀和奉献精神，三江源国家公园设立才有了良好的基础，"世所罕见的生态系统""植被类型的天然博物馆""山地生物资源的基因库""亚洲生态安全屏障"等各种发现才得以昭示天下。

经过 20 年的培育，如今热嘎老人的牦牛大多都成功地转型为野血牦牛，产肉量和产奶量相较普通牦牛多出一倍，德格措母女每天都能挤到 40 斤牛奶，3 天集中打一次酥油，一次收获 12 斤，每年出售上品酥油大约 300 斤，出售酥油的盈利可以用来贴补家用。

热嘎家实际上已经成为周边数百千米的野血种公牛繁殖基地，去年出栏了 30 头 2 岁的野血公牛，隆宝、上拉秀等地的牧人慕名前来购买这种带着旷野气息的生灵。州农牧局还在曲麻河乡打造起以热嘎家为首的四十家示范户，以期在全州范围内推广良种繁育和提纯复壮的宝贵经验。热嘎家还是玉树州发展生态畜牧业的"双百户"，既是养畜大户，又是经营大户，他在以草定畜、草畜平衡、科学养畜、加强防疫方面，体现了三江源人民以生态为命脉、以保护为前提的天然情怀，如今，玉树牦牛已经获得国家级农畜产品地理标志。

感恩自然，感恩牦牛，是热嘎老人的心愿，他决定放生。

名为"仲查"的公牛已经长出六颗牙齿，它的口粮是方圆 80 亩草场里的草，相当于 4 只羊的食粮。当然它吃得多，挣得多，荣誉也多，去年在曲麻莱全县牦牛评比中获得三等奖，老人当时禁不住孙子们的请求，还用奖金给他们买了三部手机。

仲查这头健硕、完美的野血牦牛，由于它与家人的特殊感情，热嘎一家让仲查回到自然状态——它来源于神灵，现在重归于神灵。

因为它的身上富集着"雍"——繁荣昌盛的福报和好运，这种"福气"将由它来带给这个相依为命的家庭。它将成为这个家庭的"神牛"，继承前辈神圣的职责，集中精气、灵气、福气和运气，延续富有、吉祥的美好愿景。

盛夏的游牧文化节是草原牧人们的盛会，是牧人自豪地展示自家牧业成果的机会，热嘎老人也不甘落后，和家人一起盛装出席。文化节由风趣幽默的牦牛舞拉开序幕，这种舞蹈的起源据说是在 1200 多年前桑耶寺建成之日的庆典上，后来作为重要的艺术形式引入藏戏，此后许多重大节庆活动中都能看到由演员扮演的牦牛身披五彩丝绸，憨态可掬地出现在集会上。

德格措母女加入了牧民服饰表演队，传统盛装在艳阳照耀下散发着夺目的光彩，她们还有一项重要任务，就是同一百位女性一起，为一百头牦牛挤奶，当一百头牦牛奶汇集到一起时，这就不是普通意义上的牦牛奶了，而是具有神奇医疗效果的药品，昂拉村和多秀村的牧人们要把这药品献给藏医院，让医生充分利用，保证人们的健康。

关于拥有 2000 多年历史的藏医药，公元 8 世纪以后流传下来的藏文文献很多，诸如《敦煌本藏医残卷》《月王药诊》《四部医典》《蓝琉璃》《晶珠本草》《正确用药图鉴》等，都有关于牦牛产品的药用功效和饮食价值的记载，角、骨骼、肌肉、血液、脂肪、脑髓、酥油、乳汁、酸奶、油脂、酪浆、肉汤、酪水、曲拉、五脏六腑、皮革、蹄、毛、粪便等二十大类皆可入药，具有消除寒症、生发阳火、滋补养生、预防保健、对症治病的作用，在人类健康和医药学实践中具有与众不同的特殊疗效。

其中关于牛角的用途曾有过广泛流传的故事，萨迦·索南坚赞在《王统明鉴》，夏札·扎西坚赞在《善说珍宝库》中都记述了这样一种特殊的急救术，吐蕃第八代赞普被臣下弑杀，其王妃沦落为牧羊女后诞下遗腹子，由于早产儿生命堪虞，王妃将他放置在一支野牦牛角中抚养，他就是后来的七贤臣之一"茹列吉"，意为"角中出生的人"，他后来还发明了制造木犁、冶炼铜铁、烧炭、熬胶等技术。可见古时野牦牛角阔大得竟能装下一个婴儿，更说明牛角内壁有着不同凡响的营养物质，足够一位未来科学家的身体成长和智慧精进。

　　腼腆寡言的索南扎西和尼玛才仁也开心地出现在牦牛竞赛的队伍中，可是心爱的牦牛没有见识过这么多的人，一跑开就脱离赛道，并且急速调头回返，差点把尼玛才仁甩下牛背，弟兄俩在众人的大笑中牛劲出来了，整装重新出发，不拿名次誓不罢休。

　　而爷爷最关心的是野血种公牛评比大赛，州农牧局和县农牧局专门邀请了畜牧专家担任评委，严格按照《青海高原牦牛种畜标准》进行评选。老人双臂架在围栏上，紧张地关注着围栏内评委们的测量过程，从牦牛的体型、体重、体质以及外貌多方面综合鉴定，经过几轮角逐，热嘎老人家的三岁野血牦牛从上百头选手中脱颖而出，获得了桂冠，他终于放松下来，当州农牧局局长才仁扎西把哈达、获奖证书和奖金交到他手里时，他开怀而笑。以这头三岁野血牦牛为首的众多优秀的"种子"，将被播撒到更广阔的牧场上。


你的父亲是高山大峰的儿子

人迹罕至的山巅是它的家园

长风漫卷的流云是它的王冠

寒霜暴雪的草原是它的舟船


你的母亲是天河冰川的女儿

远离尘嚣的旷野是它的庭院

辽阔无边的苍穹是它的衣衫

四季变换的彩虹是它的妆奁


你是生命的奇迹，把福运带到了人间

你是沉默的亲人，千百年无私地奉献

你是野性的烈焰，让极地充满了光环

你是牧人的依靠，支撑着高原的信念

愿你和日月星辰一起相依相伴

守护着大地母亲永远生息繁衍


  数千头牦牛汇聚到楚玛尔河谷地，震天动地的壮观景象令人久久难忘，殊荣加身的热嘎老人却离开热闹的人群独自走向河畔。眼前一派绿水青山，傍晚的河谷沉浸在静谧之中，仿佛亘古以来从未改变，这片高天厚土被世人认为已经超出人类生存极限，自然条件非常严酷，含氧量极其稀少。老人家厚重的呼吸撕扯着肺叶，黝黑的脸庞上有着发紫的唇色。可就在这生命的禁区，他家一住就是 20 年，而且仍然准备坚持住下去……

  老人望着远方，他一定愿意与儿子分享这份荣誉，因为最初培育野血牦牛的打算是因为儿子的全力支持才得以实现的，想到儿子，正是老人心底的最痛，白发人送黑发人的伤恸，每每忆起，倔强了一辈子的老人就会落下泪来，儿子非常孝顺，与邻里相处融洽，在牧业上是一把好手，关照起牛羊来比关照自己还用心，而且头脑聪明、眼光长远，在野血牦牛的繁育上花费了所有的心思。如今，儿子的心愿终于实现了，家中退化的牛群吸收了野牦牛的灵气和野性，全都完成了提纯复壮的任务，家庭富裕起来，孩子们未来的生活更有了保障。

  一方水土养一方人，作为具有前瞻意识的新型牧民代表，热嘎老人仍然不忘传统，怀着感恩之情把一碗牛奶缓缓注入楚玛尔，反哺养育了他和牦牛的河流。


作者简介：

  梅卓，女，藏族。一级作家，中国作家协会全委会委员，青海省作家协会主席，国务院政府特殊津贴专家。主要作品有长篇小说《太阳部落》《月亮营地》《神授·魔岭记》，诗集《梅卓散文诗选》，小说集《人在高处》《麝香之爱》，散文集《藏地芬芳》《吉祥玉树》《走马安多》《乘愿而来》《玉树笔记》等十余部专著，作品入选多种选集，部分作品翻译为多种文字。策划或主编百余种文学作品集。曾获全国百千万人才工程奖、全国文化名家暨四个一批拔尖人才、全国第五届、第十二届少数民族文学骏马奖、全国第十届庄重文文学奖、首届青稞文学奖、青海省"五个一"工程奖、中华优秀出版物提名奖等。